オグ・マンディーノに学ぶ営業の技術

営業マンはつくられる

The Greatest Sales Training In The World

ロバート・ネルソン
Robert Nelson
田辺希久子訳

ダイヤモンド社

THE GREATEST SALES TRAINING IN THE WORLD

by

Robert Nelson

English language edition published by Frederick Fell Publishers, Inc.,Florida.
Japanese language edition aranged with Amer-Asia Books, Inc.,
through InterRights, Inc., Japan.

営業マンはつくられる

The Greatest Sales Training In The World

はじめに

営業はあらゆる企業活動や生産活動の出発点である。世界で最も報酬の高い、それでいて最も恐れられている職業のひとつでもある。確かにアイデアひとつで成功した企業もたくさんある。けれどそうした企業といえども、そのアイデアを売り込んだ（営業した）からこそ成功したのだ。

どんな職業にも、何らかの形で「売り込み《セールス》」は必要だ。出世したければ上司に自分を売り込まなければならない。いい仕事をもらうにはマネジャーに自分を売り込まなければならない。同僚の協力を得るには、自分のアイデアを売り込まなければならない。自分の考えを理解してもらおうと思ったら、どうしても売り込みが必要だ。何をやるにしても、人を説得する技術があれば、それだけ大きな成功を手にすることができるのだ。

営業マンに向き・不向きはない

営業マンのなかには、成功する人もあれば、さっぱり成績のあがらない人もいる。それは単に、その人が営業に向かないからなのだろうか。一般にいわれるのと違い、営業マンに向き・不向きはない。生まれながらの営業マンなど存在しない。営業マンはつくられる。営業はひとつの技術であり、多くの技術がそうであるように、勉強と実践をとおして身につけることのできるものなのだ。

すぐれたトレーニングが、優秀な営業マンの育成に役立つことは確かだ。ただし、真にすぐれたセールス・プログラムとは、「売上を伸ばす」プログラムでなければならない。本書はありきたりのセールス・トレーニングの本ではない。これは、「地上最強の」セールス・トレーニングの本なのだ。

その理由の第一は、このプログラムに盛り込まれた情報は、オグ・マンディーノのベストセラー『地上最強の商人』に紹介されている古代の巻物を下敷きにしているからである。このプログラムは、このマンディーノの名著に記された不朽の原理を、日々の生活にどう応用していけばいいかを論じているのだ。

第二の理由は、このプログラムは間違いなく売上をアップさせるからだ。各章のトレーニングをこなしていけば、あなたのセールス能力は劇的に伸びる。その戦略を応用して、今すぐ成績をあげることができるのだ。

営業は技術である

私の人生は失敗の谷底からはいあがってきた人生だ。私は人から見ると安定した職業につき、とうてい安いとはいえない給料をもらっていた。健康にめぐまれ、誰もがうらやむ退職金を保証されていた。しかし私のなかには満たされないものがあった。そして終身雇用という安住の地を飛び出して、起業家への茨の道を歩みだしたのだ。

ご多分にもれず、莫大な財産を築くことや、時間を自由に使えることに魅力を感じてのことだった。独立の魅力にとりつかれ、前後の見境をなくした私は、この新しい〝恋人〟の心をつなぎとめるには何が必要かを、ほとんどわかっていなかった。無知の闇をさまよい、成功への道を見失うのに大した時間はかからなかった。そして市場の敗残者となりはてた。起業に失敗した私は、ふたたび会社勤めをすることになった。以前の会社に復帰する道は自ら閉ざしてしまったので、まったく別の道を探すしかなかった。

こうして私は、営業の仕事に出合った。ご存じのように、営業という職種にはたえず求人がある。営業は、野生の馬を飼い慣らすような仕事だ。たいていの人は何の技術ももたず、ことの重大さにも気づかないまま鞍にまたがってしまう。そして走りだしたとたん振り落とされ、二度とこの商売には近づかなくなる。私もまた振り落とされた一人だが、馬場を去るわけにはいかなかった。荒馬を乗りこなすすべを覚えるしかなかったのだ。なぜなら二度と失敗への道に迷い込みたくはなかったからだ。

私に転機をくれたオグ・マンディーノの巻物

営業マンとしての成功をめざして、私はすぐれた師を探し求めた。理想をいえば、自らも営業マンとして成功している人がいいと思った。だが成功した営業マンは忙しく、マンツーマンの指導をしてくれる人などいない。私が行き着いたのは、世界でも有数といわれるいくつかのセールス・トレーニング・プログラムだった。けれどそうしたプログラムを受講するだけの資金がなかったので、より手の届きやすい書籍やビデオを手に入れた。図書館にも日参し、営業に必要なあらゆる知識を無料で手に入れた。

そうして情報を得たものの、その情報量には圧倒されるばかりだった。知識の海に泳ぎだしたものの、不安になって何かにすがりつきたくなった。その何かが、オグ・マンディーノの著書だった。これが、本書を書くことになったきっかけである。

私はマンディーノの本を読んで懸命に勉強し、彼の弟子となった。理由は単純——テーマを営業に特化しており、読みやすく、実行可能なアドバイスが示されていたからだ。しかも、本に書いてあるとおりを実行せよなどという、強制的なところがなかった。

慣れないうちは、接客のことを考えただけで冷や汗が噴き出し、体がふるえて失神しそうになった。だが巻物に記された原理を学び、応用しはじめると、結果はまさに魔法といってよかった。トイレに隠れてふるえていた自分が、あっけにとられる同僚を尻目に、何千という客をあざやかにさばくまでになった。やることなすことすべてうまくいき、溺れる人にコップ一杯の水を売ることだってできそうな気がした。事実、有能な営業マンとして、全米黒人経営者協会の研修部門の責任者に選ばれ、何千人もの起業家に製品・サービスを売り込む方法を伝授するまでになったのだ。

こうしてマンディーノの古代の巻物は、営業マンとしての私のキャリアの転機となった。私にとってもそうだったのだから、読者のみなさんにとってもそうでないはずはない。

営業するのは自分のためである

いかなるセールス・トレーニング・プログラムも、「営業するのは自分のためか」という問いをぬきにしては語れない。答えは単純だ――「営業するのは自分のため」である。人は誰でもセールスをしている。そして、うまく営業できなければ、人生の成功はおぼつかない。「営業する＝売り込む」ことは、「営業される＝売り込まれる」ことの裏返しにすぎない。一般人はプロのバイヤーではないが、消費者ではある。賢い消費者になれなければ、お金をムダにしてしまうこともある。それと同じことで、一般人はプロの営業マンではないが、実は毎日のように売り込みをしている。そして賢く売り込めなければ、製品やサービスを買いたたかれてしまうこともあるのだ。

呼吸をしなければ生きられないのと同じで、売り買いをしなければ経済生活は成り立たない。肉屋だろうとパン屋だろうとロウソクづくりだろうと、人は何らかの形でサービスを提供することによって、報酬を受け取っている。そして、つくったものを上手に売れば売るほど、報酬は多くなる。

どんな職業でも、売り込み方を知らないがために、自分を安売りしてしまっている人がいる。豊かな潜在能力をもちながら、低賃金の仕事に甘んじている人もたくさんいる。低賃金とまではいかなくても、能力に見合っただけの報酬を受けていない人もいる。こういう人たちは誰かに「セールスされて」いるのだ。自分たちが提供しているサービスに対して、今の報酬が見合っていると（あるいはそれ以上だと）、誰かに売り込まれているのだ。

あなたは、能力に見合った報酬を与えられていないと思ったことがないだろうか。自分より仕事ができないのに、自分より高い報酬を得ている人を見たことがないだろうか。このいずれかに「イエス」と答えたとしたら、あなたの「売り込み方」には問題があったといえる。だが本書の教えを学び、トレーニングを積んでいけば、自分を安売りせず、自信をもって実力を売り込めるようになるだろう。

セールス・トレーニングに入る前に、まずは自己評価をしよう

トレーニングに入る前に、次のような自己評価を行ってみよう。これらの質問に答えるこ

とで、自分のキャリアがどの段階にあるかをはっきり自覚できるはずだ。今後の成長の目安になるものなので、正直に答えること。

自己評価が終わったら、いよいよトレーニング開始だ。九の課程をすべて終えてから二～三カ月後、もう一度同じテストをやってみよう。これがトレーニングの事後評価となる。成績が飛躍的に伸びて、答えがまったく違っていくはずだ。

答えるときは自分の記憶だけに頼り、メモなどの記録を参考にしてはいけない。答えが思い浮かばないときは空白にしておくこと。

①　あなたの職業は?
②　あなたの会社が掲げているミッション（使命）は?
③　現在の月収・年収はいくらか。
④　希望の月収・年収はいくらか。
⑤　収入を増やすために、やれそうなことをひとつ挙げよ。
⑥　売り込みのときのオープニングトークは?
⑦　あなたの製品・サービスの最大のメリットは?
⑧　どんな理由で営業を断られることが多いか。
⑨　それに対して、どう対応しているか。
⑩　取引成立の決めぜりふは?

オグ・マンディーノの「巻物」伝説とは？

宮殿にそびえるドームのてっぺんの、一本のらせん階段が通じる部屋に、地上最強の商人ハフィドの至宝がおさめられていた。三〇年以上ものあいだ、昼も夜も二人の衛兵が立ち、ハフィド以外、何人《なんぴと》も立ち入りを許されなかった。その部屋にはダイヤモンドや金塊が山積みされていると噂する者もあれば、世にもまれな珍獣珍鳥が飼われていると噂する者もあった。異国の美女たちのハーレムがあり、ハフィドにかしずいているのだという噂もあった。けれど当のハフィドによれば、たとえ天井までダイヤモンドを積んだとしても、その部屋にぽつんと置かれた質素な木箱の中身とは比べようもないという。

この箱におさめられた古代の巻物には、成功、幸福、愛、心の平安、富を得るための秘密が隠されていた。地上最強の商人ハフィドは、半世紀近くもこの秘密を独り占めしてきたのだ。この箱には、ハフィドを成功に導いた知識と知恵の秘密も隠されていた。巻物は、かつての雇い主で師でもあったパトロスから贈られたものだ。そしてある日、ハフィドは自分もまた、巻物の啓示を世界中に広めてくれる人にこの巻物を譲ろうと考えた……。

＊　＊　＊

オグ・マンディーノのこの寓話は、世界中の何百万もの読者に愛読されている。「古代の巻物」は架空の存在だが、そこにはたぐいまれな秘密が隠されている。成功と幸福の扉を開くための、知識と知恵のカギが……。

マンディーノはこのようにして、営業の成功の秘密を明らかにしているのだが、それを理解し、応用することができずにいる人も少なくない。この機会にぜひ、マンディーノの秘伝を正しく読み解き、あなた自身の成功の秘密を探りあててほしい。

巻物に記された原理が、成功への近道である

この巻物のうち、第一の巻物は他の巻物と少し違っている。残りの八巻は成功の原理をひとつひとつ解説するが、最初の巻物に記されているのは原理ではなく、成功の「プロセス」だからである。

自動車を運転するには交通規則を守らなければならない。しかし、そもそも運転ができなければ、交通法規を知っていても意味がない。第一巻をのぞいた残りの巻物は、セールスを成功させるための「交通法規」を記しているが、第一の巻物は、運転のしかたそのものを教えている。したがって、第一の巻物の内容を理解し、応用できるようにならなければ、残りの巻物は何の役にも立たないのだ。

ハフィドの言葉を借りれば、「第一の巻物には、歴史上のひとにぎりの賢者のみに語り継がれた秘密が記されている。つまり第一の巻物には、残りの巻物を最も効率的に学ぶための方法が記されている」のである。

この巻物は、読者が一連の行動規範を身につけることにより、最終的には「成功」へと導かれることをめざしている。こうした行動規範を身につけるには、第一の巻物に記された「成功プロセス」を実践することによって、残りの八巻に記された八つの原理を生活の一部として定着させていくのがいちばんの近道である。

いまだ修行中の私たちの人格や行動は、周囲からの影響によって形づくられている。ならば、自ら進んで影響される相手を選び、その影響をたえず取り入れることによって、望ましい人格を築いていくことが必要なのである。

営業マンはつくられる

The Greatest Sales Training In The World

目次

第七章　失敗を笑い飛ばせ　155

努力を惜しまなければ収入は増える

第一章

「一から出直す」覚悟をする

第一章で取り上げる第一の巻物では、「規則的な反復」によって習慣を変えていく方法を教えている。なぜなら、成功したいなら、良い習慣を身につけることが最も重要だからだ。

第一の巻物 習慣

わたしは良い習慣を身につけ、その奴隷になろう

今日[1]、わたしは新しい人生を始める。長きにわたって、失敗と凡庸さに傷つけられてきた古い皮膚を脱ぎ捨てる。

今日、わたしは新しく生まれる。そして、すべての人に実りをもたらすぶどう畑に生をうける。

今日、わたしはぶどう畑で最も大きく豊かなぶどうの木々から、知恵のぶどうを摘み取ろう。それらはわたしと同じ仕事をなりわいとしていた代々の先達たちのなかでも、最も知恵ある人々が植えたものだからである。

今日、わたしはそのぶどう畑のぶどうを味わい、ひと粒ひと粒に隠された成功の

種を飲み込もう。そうすれば、わたしの中に新たな生命がわき上がるだろう。

わたしの選んだ道は可能性に満ちているが、悲しみと失望に満ちた道でもある。[2]

挫折した人々の屍の山は、地上のいかなる大建築をも覆うことだろう。

それでもわたしは、他の人々のように失敗したりはしない。今のわたしは荒れくるう波を乗り越えて、昨日まで夢としか思えなかった岸辺へと、導いてくれる海図を手にしているからである。

もはや、苦闘のあげくに失敗するというようなことはなくなる。自然はわたしの体に苦痛に耐えるための備えを授けず、わたしの人生に失敗に耐えるための備えを授けなかった。わたしの人生は、苦痛とも挫折とも無縁のものなのである。だがかつてのわたしは、苦痛を耐え忍ぶのと同じように、失敗をも耐え忍んでいた。しかし、今のわたしは失敗を拒み、成功の知恵と原理とを受け入れようとしている。それはわたしを暗闇から導き出し、夢想だにしなかった富と地位と幸福の光へと導いてくれるだろう。そしてその時には、ヘスペリデスの園の黄金のりんごさえも、わたしにとっては当然すぎる見返りに思われることだろう。

とこしえの命をもつ者には、時がすべてを教えてくれる。しかしわたしはとこしえに生きる贅沢を許されていない。それでも与えられた時間のなかで、わたしは忍耐力を発揮しなければならない。なぜなら自然は決して急がないからである。すべての樹木の王であるオリーブを育てるのには一〇〇年かかる。玉葱は九週間で育つ。わたしは玉葱のように生きてきた。それはわたしの望みではなかった。これからのわたしは、オリーブのなかでも最も大いなる木、いや商人の中でも最も大いなる商人になろう。

どうしてそんなことが実現するのだろうか。わたしには偉大さに到達するための知識も経験もなく、すでに無知ゆえに躓《つまず》き、自己憐憫の池に溺れていたのである。答えはたやすい。無用な知識やむなしい経験の重みに煩わされず、わたしはわたしの旅を始めよう。③**自然はすでに、森のどんな獣より大いなる知識と本能をわたしに与えてくれている。**経験の価値があまりにも買いかぶられている。それもおおかたは、したり顔にうなずき、愚にもつかないことを物語る老人たちのせいである。

実際、経験はすべてを教えてくれるが、その教えを学ぶには長い年月がかかる。だから経験のもたらす尊い知恵を得るのに手間どっている間に、経験から学んだことの価値は下がってしまう。そして結局は、人の死とともに無に帰ってしまう。まして、経験は流行と似て、今日うまくいった行動が、明日は実行不可能で現実にそぐわないものになってしまうのである。

長続きするのは基本原理のみであり、わたしは今、それらの原理を手にしている。わたしを偉大さへと導く法則が、これらの巻物の文言には含まれているからである。

巻物は成功を得ることより、失敗を避けることを教えている。なぜなら成功とは、心のもちようにすぎないからである。

一〇〇〇人の賢者のなかに、同じ言葉で成功を定義する者が二人といるだろうか。ところが失敗は、いつも同じように表現される。失敗とは、それが何であれ、人が自らの人生の目標を達成できないことを言うのである。

実のところ、[4]**失敗者と成功者のただひとつの違いは習慣の違いにある。**良い習慣はあらゆる成功へのカギであり、悪い習慣は失敗へとつながる、鍵のかかっていない扉のようなものである。だから、他のあらゆる法則にもましてわたしが従う第一の法則とは、良い習慣を身につけ、その習慣の奴隷になることである。

子どもの頃のわたしは衝動の奴隷だった。しかし今のわたしは、あらゆる大人がそうであるように、習慣の奴隷である。わたしは自らの自由意思を、長年の間にしみついた習慣の手に引き渡してしまった。これまでの行動によってひとつの道が敷かれ、わたしの未来はそこに閉じ込められようとしている。わたしの行動は食欲、情欲、偏見、貪欲、愛、恐れ、環境、習慣に支配されている。これらの暴君のうち、最も悪しきものは習慣である。だから、どのみち習慣の奴隷になるのなら、わたしは良い習慣の奴隷になろう。悪い習慣を滅ぼさなければならないし、良い種のために新しい畝を準備しなければならないのである。

わたしは良い習慣を身につけ、その奴隷になろう。

それにしても、この離れ業を成し遂げるにはどうすればよいのだろうか。これらの巻物によって、それはなされるだろう。それぞれの巻物には、わたしの人生から悪い習慣を追い払い、わたしを成功に導いてくれる習慣に置き換えるための基本原理が記されているからである。[5]**習慣は別の習慣によってしか征服できないというのも、やはり自然の法則のひとつである。**だから、巻物に記された文言が本来の働きを全うするために、わたしは新しい習慣のなかでも第一のもの、つまり「それぞれの巻物を定められたやり方で三〇日にわたって読み、それから次の巻物に移る」という習慣を守っていかなければならない。

すなわち、[6]**朝起きたら巻物を黙読し、昼食後にふたたび黙読する。そして就寝前にもう一度読むが、大切なのは、このとき大きな声で読み上げるということである。**

翌日も同じ手順を繰り返し、同じようにして三〇日間続ける。そのあと次の巻物に取りかかり、同じ手順をやはり三〇日間続ける。このようにして、それぞれの巻物について三〇日ずつかけて読むことを習慣にしていくのである。

それでは、この習慣によって何が成し遂げられるのだろうか。[7]**ここに人間のあらゆる業《わざ》の秘密が隠されている。巻物の言葉を毎日繰り返すうちに、それらはわたしの活動的な心の一部となり、あの神秘的な源泉の中にもしみ込んでいく。**

巻物の言葉がわたしの神秘的な心に取り込まれていくにつれて、わたしは毎朝、かつて経験したことのない生気に満ちて目覚めるようになるだろう。力がわき、情熱に燃え、世界と出合いたいという願いが、かつては日の出とともに感じていたあらゆる恐れを凌駕するだろう。そして、いさかいと悲しみに満ちたこの世界にありうるとは思えなかったほどの喜びを得るだろう。

やがてわたしは、いかなる状況に出合おうと、巻物に命じられているとおりに対応できるようになる。また、そうした行動や対応をやすやすと行えるようになる。どんな行動も、練習によって、たやすくできるようになるからである。

かくて新しい、良い習慣が生まれる。[8]**たえず反復することでその行動がたやすくなれば、そうすることが喜びとなり、それをしばしば行っていれば、それは習慣となり、わたしはその習慣の奴隷となる。**

今日、わたしは新しい人生を始める。

そしてわたしは、何ものによっても新しい人生の成長を妨げられまいと、自らに固く誓う。わたしは一日たりとも、巻物を読むことを怠らないようにしよう。その一日は、取り戻すことも、別の一日で置き換えることもできないからである。[9]**わたしは巻物を読むという習慣を決して破ってはならないし、また破りもしない。**実のところ、この新しい習慣のために割く毎日のわずかな時間など、わたしが手にできる喜びと成功とに比べれば、ささいな代償にすぎないのである。

巻物の言葉を何度も読み返す中で、わたしはそれぞれの巻物が短いからといって、あるいは言葉遣いがやさしいからといって、巻物の言葉を軽んじたりはしない。ひとつのかめをぶどう酒で一杯にするには、何千ものぶどうを潰さなければならない。そして、ぶどうの皮や果肉は鳥の餌として空中に撒かれる。世々代々の知恵のぶどうも、同じことである。その多くは漉《こ》しとられ、空中に撒かれてしまった。混じりけのない真理のみが、蒸留されて巻物の言葉となったのである。わたしは命じられたとおりにそのぶどう酒を飲み、一滴たりともムダにしないようにしよう。そして、成功の種をも飲み込もう。

今日、わたしの古い皮膚は塵となった。[10]**わたしが人々の間を胸を張って歩いても、人々はわたしを見分けられないだろう。なぜならわたしは今日、新しい人となり、新しい人生を歩きはじめたからである。**

オグ・マンディーノの教え1

習慣を変えよ

スティーブン・コヴィーはベストセラー『7つの習慣―成功には原則があった!』(一九九六年、キングベアー出版刊)のなかで、抜きんでて有能な人々に特有の人格的特徴を七つ挙げている。他にも多くの本が同じような資質を挙げて、本当に成功したいなら、そうした性格を身につけるべきだと説いている。そんななかで、第一の巻物はこうした資質を、この上なく明快かつ単純に説明しているといえよう。そこでは、成功につながる良い習慣を「どうすれば」身につけられるかが説かれているのだ。

第一の巻物は、「規則的な反復」によって行動パターンを変えていく方法を教えている。この方法を正しく用いて、望ましい習慣を身につけるにはどうすればいいのだろうか。以下に第一の巻物の要点を一〇項目に分けて解説した。これをとおして、良い習慣を身につけるための「原理」をより深く理解してほしい。

①「一から出直す」覚悟をする

「今日、わたしは新しい人生を始める。」

セールスを成功させるための「習慣」を身につけるには、まず「一から出直す」決意がいる。それがないと話にならない。これが、この「オグ・マンディーノの教え1」で一番むずかしい部分かもしれない。そして「一から出直す」ためには、「これまでの習慣を引きずっていたら成功はおぼつかない」ことに気づかなければならない。

まずは、自分の中に有害な習慣が存在することに気づかないかぎり、新しい習慣を身につけることはできない。それができて初めて、自分を理想の人間に変えていくための、自己変革のプロセスが始まるのだ。

②何でもプラスに考える

「わたしの選んだ道は可能性に満ちているが、悲しみと失望に満ちた道でもある。」

人生にはさまざまなことが起こる。どんな状況にあろうと、最終的にどんな結果につながるかは、あなたがそれにどう反応するかにかかっている。どんな逆境にもチャンスは隠れている。だから、常にチャンスを見出す努力を続けていこう。そうしたプラス思考が、望ましい結果を引き出すことにつながる。

③「できないこと」より「できること」に目を向ける

「自然はすでに、森のどんな獣より大いなる知識と本能をわたしに与えてくれている。」

自分にない能力や知識にばかりこだわっていると、いつまでたってもそうした能力や知識をもっている人に勝つことはできない。

実をいうと、たいていの人は、生まれながらに一定の成功をおさめるだけの機知と常識を与えられている。教育とは、そうしたツールをいかに活用するかを教える場であり、人生経験とは、そうした能力を発揮し、磨いていく場なのである。成功に必要なツールのほとんどは、すでに与えられていると思って試練にぶつかったほうが、成功する確率は高まる。試みに、自分の生まれつきの長所を数え上げてみるといい。成功するのに必要な自信が、きっとわいてくるはずだ。

④望ましくない習慣をやめる

「失敗者と成功者のただひとつの違いは習慣の違いにある。」

成功と失敗とを分ける最も大きな違いは、成功者は成功に結びつくような「習慣」を身につけているが、失敗者はそうでないということである。

では、成功と失敗との分かれ目が「習慣」にあるとするなら、成功者の習慣を観察して、自分の生活の中に取り込んでいくのが賢いやり方ではなかろうか。新しい習慣を身につけるには、まず望ましくない習慣を排除しなければならない。以下では、そのための簡単な方法を紹介しよう。

⑤習慣を入れ替える

「習慣は別の習慣によってしか征服できないというのも、やはり自然の法則のひとつである。」

「会議に遅れるのはやめよう」と決意するより、「会議に遅れるのをやめて、早めに来るようにしよう」と決意したほうがいい。「もっとセールスの電話をかけよう」と決意するより、「テレビばかり見ていないで、もっとセールスの電話をかけよう」と決意したほうがいい。

良い習慣が身につくまでには、一定の時間がかかる。それでも「習慣を入れ替える」方法のほうが、新しい習慣を楽に身につけられるし、効果も長続きする。

⑥何度も反復する

「朝起きたら巻物を黙読し、昼食後にふたたび黙読する。そして就寝前にもう一度読むが、大切なのは、このとき大きな声で読み上げるということである。」

昨今は記憶力を増強するための、いろいろな訓練法が開発されている。とはいえ、最も歴史が古くて、いまだに広く利用されているのは、「反復」による記憶法である。人間は反復によって情報を消化し、恒久的な記憶として定着させていく。子どもがアルファベットや歌詞を覚えたりするのも、同じやり方である。

デニス・ウェイトリー博士は「偉大さの種」と題した講演のなかで、人間の脳は網様賦活《もうようふかつ》系《けい》（脳の活動を覚醒させる神経組織）によって、何に意識を集中し、何を無視するかを決めているのだと述べている。反復することで、網様賦活系をとおしてこれぞという情報やアイデアに意識を集中し、成功を達成することが可能になるというのだ。

⑦習慣を潜在意識にたたき込む

「ここに人間のあらゆる業《わざ》の秘密が隠されている。

巻物の言葉を毎日繰り返すうちに、それらはわたしの活動的な心の一部となり、あの神秘的な源泉の中にもしみ込んでいく。」

コンピュータは、人間の脳の働きを真似て設計されている。なのに、コンピュータの機能は理解可能でも、人間の脳の働きにはいまだ解明されていない部分が多い。

コンピュータにも脳にも、短期記憶と長期記憶という二種類の記憶が存在する。コンピュータの場合、短期記憶はＲＡＭ（ランダム・アクセス・メモリ）と呼ばれ、画面上で行われる作業のために使われる。一方、長期記憶のほうはハードドライブと呼ばれ、ここには大量の情報が保存されている。

人間の短期記憶、すなわち「顕在意識」は、ＲＡＭと似ている。電話をかけるときに電話番号を覚えたり、注文するときに料理の名前などを一時的に記憶したりするときは、この短期記憶が使われる。一方、人間の長期記憶、すなわち「潜在意識」の部分は、コンピュータでいえばハードドライブにあたる。ここは巨大な情報の収納庫であり、人間はここに、日々の営みを支える「プログラム化された記憶＝習慣」を保存しているのである。

「成功」につながる習慣を身につけるには、まずこの習慣をプログラム化して、潜在意識のなかに保存しなければならない。何度も繰り返し目にし、耳にし、経験したことは、まず顕在意識に入り込み、さらに潜在意識に浸透していく。それからそれは、私たちの行動、信念、そして最終的には運命を形づくっていくのだ。

⑧三つのステップで習慣を身につける

「たえず反復することでその行動がたやすくなれば、そうすることが喜びとなり、それをしばしば行っていれば、それは習慣となり、わたしはその習慣の奴隷となる。」

新しい習慣を身につけるまでには、三つの段階がある。すなわち、習慣として定着させたい行動を繰り返す段階、それをさらに繰り返す段階、そして最後に自分の天性の一部にしていく段階の三つである。第一段階では、当初、多少の違和感を覚えるかもしれない。これは体を動かすのと同じく、脳の運動のようなものであり、最初はきつく感じることすらあるだろう。けれどここでくじけず、むしろこれを励みに思うことだ。あきらめずにその行動を繰り返し、つらく感じても、むしろ正しい方向に向かっている証拠だと思おう。

そのうちにつらさは消えていく。そして日々の努力が楽になったように感じる。ここからが第二段階だ。この時点でもう目標は達成したと思いがちだが、肝心の「良い習慣」はまだ身についていない。さらに継続しないと、古い習慣に逆戻りしてしまう恐れがあるのだ。

日々の繰り返しが喜びに思えるまでになったら、最終段階である第三段階に達したと思っていい。まるでチョコレートやジャンクフードのように、それがないといられなくなる。ここまでくると、新しい習慣は無意識の行動にまで浸透していく。とくに意識しなくても、思わずその行動が出てしまう。いわば新しい習慣が「自動操縦」に切り替わって、あなたという人間の一部になっていくのだ。

⑨習慣が身につくまであきらめないと誓う

「わたしは巻物を読むという習慣を決して破ってはならないし、また破りもしない。」

何らかの習慣を身につけようと思ったら、完全に身につくまで決してあきらめないと自分に誓うべきである。途中で怠けることがあっても、何度でもやり直して目標を貫徹しよう。自分への約束を守るのは大切なことだ。たえず自分自身に目標を課し、実現に向かって努力していけば、「自分をごまかさない」習慣を身につけることができる。

⑩新しい人になる

「わたしが人々の間を胸を張って歩いても、

人々はわたしを見分けられないだろう。なぜならわたしは今日、新しい人となり、新しい人生を歩きはじめたからである。」

新しい習慣は、友人や家族や仕事仲間からは奇異に見られるかもしれない。柄でもないことはやめろ、と忠告する者もいるだろう。そうした考えにのせられてはいけない。あなたの理想とする習慣を身につけている人たちは、あなたの挑戦を応援し、さらに自己変革をめざせと励ましてくれるはずだ。だがそうした習慣を身につけていない人たちから見ると、殻を破ろうとするあなたの努力は不快に見えるのだ。だから、より良い人間になろうとするあなたの努力を応援してくれる人を、自分のまわりに集めるほうがいい。

「良い習慣」を身につけるためのトレーニング

めざす目標を明確に定める

成功を手に入れるために一番大切なことは、めざす目標を明確に定めることだ。何を「成功」とするかは人によって異なるだろう。したがって、理想が現実のものになったとき、それがはっきりわかるように、自分にとって成功とはこれだというイメージを明確に思い描いておくべきだ。第一の巻物は、残りの八巻に記されている「愛」「忍耐」「自尊心」「時間」「感情」「笑い」「進歩」「行動」の八つの領域において、めざすべきものを絞り込む方法を教えているのだ。
ナポレオン・ヒルの言葉を借りれば、「富への願望を金銭に換えていく方法は、明確かつ実戦的な六つの段階からなる」といえるだろう。

第一段階：手に入れたいと思っている金額を正確に思い浮かべる。「ともかくたくさん」といった言い方でなく、金額を正確に言うこと。
第二段階：そのお金のために、どのような代償を払うつもりがあるかを明確にする。
第三段階：そのお金を手に入れたいと思う正確な期日を設定する。
第四段階：以上の願望を実現するための明確な計画をたてる。そして準備が整っていようといまいと、今すぐ計画を実行に移す。
第五段階：手に入れたい金額、それを手に入れる期日、そのために払ってもよい代償、目標実現までの具体的計画を書き起こす。
第六段階：第五段階で書き上げたものを、毎日三回読み上げる。起床後と昼食後に黙読し、就寝前に声をあげて読み上げる。そして読みながら、その金額を手にしたときの自分をイメージする。

以上の練習を三〇日間、ないし書き上げた「目標」を完全に暗記するまで繰り返す。この練習は、第一の巻物に記された原理を実践向きに応用したもので、これによって、売上や収入の増大に目に見える効果をもたらすことができる。

最強のセールスマンへのインタビュー

レス・ブラウン Les Brown　著述家／セールス・トレーナー

マイアミの低所得者層の居住区に生まれ、生後六週間でブラウン夫人の養子となる。教師から「落ちこぼれ」のレッテルを貼られた少年時代だった。しかし、高校卒業後に自分流の学習法を編み出して勉強を続けた結果、潜在能力を引き出す名人とうたわれるようになり、ＤＪから放送局幹部へ、地域の活動家から指導者へ、政治評論家から議員へ、司会業から一流講演者へと階段を駆け上がっていった。世界の講演家ベスト・ファイブに選ばれている。

どんな試練にあおうと、決して疑うな

――営業の世界に入ったきっかけは？

九歳のとき、テレビの訪問販売をしたのが最初だった。

――これまでの人生で一番むずかしかったことは？

夢は実現できる、人生で求めたものは必ず得られると、常に信じつづけること。

――自分の最大の業績はなんだと思うか？

人生で得られるのは欲しいと望んだものではなく、自分がすでにもっているものな

のだと気づいたこと。今の私は本来の自分にどんどん近づいていると思う。これまで私がめざしてきたものは、すべて自分の中にあるものばかりだった。

――お手本にしてきた「師」は？

七人の養子を育てた母と、高校の担任のワシントン先生だ。私は小学校五年生のとき、知的障害とみなされて四年に落第し、自分も病気なんだとあきらめかけていた。だが、高校二年のときワシントン先生と会い、他人の評価に動かされてはいけないと学んだ。

――あなたの最高の営業テクニックは？

顧客と目を合わせるとき、すでに商談はまとまったも同然という確信をもつことだ。

――そのテクニックの実践例を教えてほしい。

どんな試練にあおうと、疑わないことだ。とことん信じること、無条件に信じることだ。

――意欲ある営業マンたちへのアドバイスは？

自分を愛すること。これが第一だ。

――今のような人生哲学をもつに至ったきっかけは？

「これまでの人生だけが人生ではない」という内面的な直感だ。

第二章

敵もほめれば友となる

第二章で取り上げる第二の巻物では、説得力を強化し、売上をアップさせるための「営業マンの心のあり方」を説いている。営業は人間中心の仕事だから、営業マンの最大のツールは対人スキルを身につけることなのだ。

第二の巻物 愛

わたしは今日という日を、
心に愛をもって迎えよう

わたしは今日という日を、心に愛をもって迎えよう。

これこそが、どんな企てをするにおいても、最も大いなる成功の秘密だからである。腕力で盾を割り、命を奪うことはできても、人の心を開かせることができるのは、目に見えない愛の力だけである。この愛に熟達しないかぎり、わたしは市場の物売り以上のものにはなれないだろう。①**わたしは愛を最大の武器としよう。**そして、②**わたしが呼びかける相手は、誰もがその力に抗えないだろう。**

理を説いても反論され、説明しても信じてもらえず、服装を不快に思われ、容貌を嫌われ、掘り出し物を勧めてもかえって疑いの目で見られるかもしれない。それでもわたしの愛は、凍った大地が日差しを浴びて軟らかくなるように、あらゆる人の心を溶かすだろう。

わたしは今日という日を、心に愛をもって迎えよう。

では、どうすればそれができるのか。これからは、**あらゆるものを愛をもって眺めよう。そうすれば、わたしは生まれ変われるだろう。**わたしは体を暖めてくれる太陽を愛し、星々を浮き立たせてくれる闇をも愛そう。わたしは行く手を照らしてくれる光を愛し、心を清めてくれる雨をも愛そう。心を豊かにしてくれる喜びを歓迎し、心の扉を開いてくれる悲しみをも受け入れよう。当然の権利として報酬を受け取り、己を鍛えてくれる試練をも進んで受け入れよう。

わたしは今日という日を、心に愛をもって迎えよう。

では、わたしはどう語ればよいのだろうか。**敵をほめれば友となり、友を励ませば兄弟となる。**わたしはいつも人をほめる理由を探し、うわさ話の口実は探さないようにしよう。人を批判したくなったら、自分で自分の舌を噛もう。人を称賛したくなったら、屋根の上から大声で叫ぼう。

鳥も風も海も、自然はすべて創造主をたたえる音楽を奏でているではないか。その創造主の子である人々に、わたしが同じ音楽を奏でられないはずがあるだろうか。この奥義を、これからは心に留めよう。そうすれば、わたしの人生は変わっていくだろう。

わたしは今日という日を、心に愛をもって迎えよう。

では、わたしはどう行動すればよいのだろうか。[5]**わたしは人のどんな行いをも愛することにしよう。目には見えないが、人は誰も、称賛すべき資質をもっているからである。**わたしは愛をもって、人々が心のまわりに築いている猜疑と憎しみの壁をうち破り、そのあとに、わたしの愛が彼らの魂に伝わるための橋をかけよう。

わたしは野心家たちを愛そう。彼らはわたしを鼓舞してくれるからである。わたしは失敗者たちを愛そう。彼らは教訓を与えてくれるからである。わたしは王たちを愛そう。彼らもまた人間だからである。わたしは柔和な人を愛そう。彼らは神の使いだからである。わたしは金持ちを愛そう。彼らは孤独だからである。わたしは貧しい人を愛そう。彼らは大勢いるからである。わたしは若者を愛そう。彼らが何かを信じているからである。わたしは老人を愛そう。彼らが知恵をもたらしてくれるからである。わたしは美しい人を愛そう。その目に悲しみが宿っているからである。わたしは醜い人を愛そう。彼らの心が平安だからである。

わたしは今日という日を、心に愛をもって迎えよう。

それにしても、人の行動には、どう対応すればよいのだろうか。それは愛をもって、である。**愛**[6]**は人の心をこじあける武器でもあるが、憎しみの矢や怒りの槍から**

身を守ってくれる盾でもあるからである。敵意も妨害も、わたしの新しい盾に当たれば雨のように軟らかくなる。わたしの盾は市場においてわたしを守り、独りの時にわたしを支えてくれる。失意の時には励まし、傲《おご》りの時には心を静めてくれる。その盾は使えば使うほど強くなって、わたしを守ってくれるので、やがてわたしはそれを傍らに置き、人間のあらゆる営みのただ中を胸を張って歩んでいくだろう。そしてそのとき、わたしの名は人生というピラミッドの上に高々と掲げられるだろう。

わたしは今日という日を、心に愛をもって迎えよう。

⑦**それでは、出会った人々に、どう向かい合えばよいのだろうか。**その方法はひとつしかない。黙って、心の中で、相手に向かって「わたしはあなたを愛しています」と告げるのである。声には出さなくとも、その言葉はわたしの目を輝かせ、眉間のしわを伸ばし、唇に微笑を浮かばせ、声の響きを変えるだろう。そして相手の心は開かれるだろう。わたしの愛を心に感じたとき、わたしの商品を拒む者などいるだろうか。

わたしは今日という日を、心に愛をもって迎えよう。

⑧**そして何よりも、わたしは自分自身を愛そう。**自分を愛していれば、体と思いと心に入り込むあらゆるものを、熱心に点検するようになるからである。わたしは肉

の欲求に流されず、清潔と節制をもって体をいたわるようにしよう。悪と絶望に思いを馳せることなく、世々代々に培われた知識と知恵によって、我が思いを高めよう。精神を慢心や自己満足に陥らせず、瞑想と祈りによってこれを養おう。狭く苦い心を抱かず、人々に心を配ろう。そうすれば、わたしの心は大きく広がって、大地を暖めるだろう。

わたしは今日という日を、心に愛をもって迎えよう。

⑨**これからのわたしは、全人類を愛そう。今まさにこの瞬間、わたしの血管から憎しみを追い払おう。わたしは愛するだけで精一杯で、憎んでいる余裕などないからである。**今まさにこの瞬間、わたしは人の中の人になるために必要な、最初の一歩を踏み出そう。わたしは愛をもって売上を一〇〇倍にも増やし、偉大な商人になろう。⑩**ほかに何の才能もなくとも、愛さえあればわたしは成功できる。しかし愛がなければ、世界中のあらゆる知識と知恵を得たとしても、わたしは失敗するだろう。**

わたしは今日という日を、心に愛をもって迎えよう。そうすれば、わたしは成功する。

オグ・マンディーノの教え2

敵もほめれば友となる

「愛」はこの巻物に記された八つの成功原理の第一のものである。愛が第一に据えられているのは、他の七つの原理すべてが、愛に基づくモチベーションがなければ有効に働かないからである。

人間は仕事を愛し、周囲の人々を愛し、自分自身を愛さなければならない。そして愛を日常のなかで実践していけば、愛はますます育っていく。

他のどのような職業にもまして、営業は人間中心の仕事である。だからすぐれた対人スキルは、営業マンがもつべき最大のツールなのだ。そして営業で成功するために必要な対人スキルを身につけるには、「愛」が基本中の基本となる。

第二の巻物は、説得力を強化し、売上をアップさせるような「営業マンの心のあり方」を説いている。すなわち、愛は喜びにあふれた人間関係の基礎であり、喜びにあふれた人間関係は営業を成功に導くための理想的な出発点なのである。

以下に挙げた項目に「愛」を応用すれば、愛を売上に結びつけていくことができる。

①敵と友だちになればやっつけたも同然

「わたしは愛を最大の武器としよう。」

愛こそは、敵を征服する最大の武器である。

対立が生じたなら、それを解消しなければならない。我々はえてして、相手をうち負かすことが対立を解消することだと思い込む。そんな後ろ向きの態度は、しみのついた服を捨ててしまうのと同じくらい愚かなことである。捨てるのではなく、しみを洗い落とすことをこそめざすべきなのだ。同じように、営業における人との出会いは、ビジネスチャンスを潰すことではなく、客の協力を得ることをめざすものでなければならない。

エイブラハム・リンカーンには、彼の名誉を傷つけ、イメージを失墜させようとする政敵がいた。リンカーンは礼儀正しく、親切に振る舞うことこそ、それに対抗する手段だと心得ていた。だから側近から報復を勧められたとき、彼はこんな含蓄のある言葉で答えたのだった。「敵と友だちになれれば、敵をやっつけたも同然ではないか」と。

②客は言い訳するものだ

「わたしが呼びかける相手は、誰もが愛の力に抗えないだろう。」

消費者は毎日のように宣伝攻勢にさらされている。相手が営業マンだと気づいたとたん、防衛本能が働き、財布に手を出させまいと必死になるのも無理はないのだ。

客が言い訳を探しはじめ、買うそぶりをいっさい見せなくても、単なる本能的な行動にすぎないと思うことだ。悪意にとってはいけない。あなたが心から相手を思っていることを知れば、砦は一挙に崩れるだろう。

賢い営業マンは、消費者のこうした防衛本能をくぐりぬけなければならないことを知っている。そして、抵抗をうち破るのに世界で一番効果的なツールは、おそらくは「愛」なのだ。

③敵意はチャンスと考えよう
「これからは、あらゆるものを愛をもって眺めよう。そうすれば、わたしは生まれ変われるだろう。」

「成功哲学」の世界的な権威のひとりであるナポレオン・ヒルは、「敵意という敵意はみな、それに勝るとも劣らない利益の種子を宿している」と言っている。ヒルは、同時代の最も傑出した成功者五〇〇人以上を詳細に分析し、それらの人々に共通する特徴のひとつが「徹底した楽観主義」であることを発見した。どんな状況からも、目に見えない利益を引き出せる能力こそが、成功する営業マンの必須条件なのだ。

④説得したければまずほめる

「敵をほめれば友となり、友を励ませば兄弟となる。」

言葉には人の心をいやす力も、いらだたせる力もある。自分の長所を称賛の言葉で強調されると、たいていの人はいい気持ちになる。そしてその結果、相手に協力したいと思うようになるのだ。

⑤他人の美点を見つける

「わたしは人のどんな行いをも愛することにしよう。目には見えないが、人は誰も、称賛すべき資質をもっているからである。」

地球上の人類がすべて同じようだったら、世界はどんなに退屈だろうか。多様性は人生のスパイスだ。さまざまな人がいて、さまざまな経験があるからこそ、人生はおもしろい。それぞれの人が、それぞれの形で貢献していることに、むしろ感謝すべきなのだ。

他人の美点が見えるようになると、自分と違うからといって人を排除したりしなくなる。人の個性を受け入れる習慣がつくと、人類全体への愛も大きくなっていく。

多様性を受け入れる能力が高まると、製品やサービスのセールス・ポイントを強調する能力も高まってくる。たとえば、あなたの製品が他社の製品と違うといって客が批判したとき、むしろ違っているからこそ、この製品やサービスを買ってほしいのだと訴えることができる。売る側が多様性を受け入れていれば、客も多様性を受け入れるようになるのだ。

⑥愛情を示せば受け入れられる

「愛は人の心をこじあける武器でもあるが、憎しみの矢や怒りの槍から身を守ってくれる盾でもあるからである。」

愛は敵を友に変える攻撃的な武器ともいえるし、あなた自身の心に敵意が突き刺さるのを防ぐ「守りの武器」ともいえる。愛によって心の守りを固めれば、偏屈さや敵意といった、マイナスの感情に伝染しなくてすむ。

他人の行動をコントロールすることはできないが、他人の行動に対する自分の行動をコントロールすることはできる。愛の感情をもつことで、相手の敵対的な行動にも動じないようになれば、正しい対応をして、良い結果を生み出すことができるだろう。

⑦アポなし訪問はとくに愛情を示す

「それでは、出会った人々に、どう向かい合えばよいのだろうか。」

多くの人にとって、この世で一番恐ろしいのは知らない人に会うことだ。だからこそ、訪問販売のなかでもアポなし訪問が一番むずかしいといわれる。だが初めて会った人に対して「愛」を基本にした対応ができれば、相手の防衛反応をやわらげ、良い印象を与えることができるだろう。

⑧自分に自信をもつ

「そして何よりも、わたしは自分自身を愛そう。」

健全な自己愛と、利己的で自分勝手なうぬぼれとは紙一重の差である。うぬぼれの強い人間ほど敬遠されるものはない。逆に自信のない人は、人から敬遠されることはない反面、人をひきつけることもない。

営業は人間中心の仕事だから、営業マンはえてして健全な自己愛を育むことを怠りがちだ。確かに顧客第一に考えるのは大事なことだが、自分のことをいっさい後回しにする必要はない。自分に対してある程度の愛がなければ、他人を心から愛することはできない。

ほどよく自分を大切にすれば、顧客にもよりよく奉仕できるようになる。なんと言っても、あなた自身が最も重要な営業ツールなのだから、栄養のある食べ物や有益な情報をほどよく取り入れて、体と心を養うべきである。楽観的な姿勢を保ち、闘志を失わなければ、あなたの自己愛が相手に伝わり、客も自然にあなたを愛するようになるだろう。

⑨人を憎めば自分が傷つく

「これからのわたしは、全人類を愛そう。今まさにこの瞬間、わたしの血管から憎しみを追い払おう。わたしは愛するだけで精一杯で、憎んでいる余裕などないからである。」


人はみな、何かに憎しみを抱いている。だが憎しみは、その憎しみを受けた者より、憎しみを抱いた者のほうを傷つけるものなのだ。

憎しみは人生の老廃物のようなものだ。老廃物が体から排泄されなければならないのと同じように、感情の世界からも老廃物を排除しなければならない。

⑩自分が売る商品を愛す

「ほかに何の才能もなくとも、愛さえあればわたしは成功できる。しかし愛がなければ、世界中のあらゆる知識と知恵を得たとしても、わたしは失敗するだろう。」

人はあなたがどれだけ博識かには関心がなくても、どれだけ自分に関心をもってくれているかはしっかり見抜いている。あなたに知識があり、能力があって、この世界とそこにあるものすべての所有権を売り込むことができたとしても、それだけではあなたの成功は薄っぺらで不完全なものにしかならない。しかし知識も能力もなく、縫い目のないたった一枚の布すら売れなかったとしても、地上最強のセールスマンになることは可能なのだ。

自分への愛、他者への愛、そして製品やサービスへの愛は、セールスで成功するための大切な素材である。これらの愛に知識や能力を組み合わせることができれば、あなたはセールスにおける成功者となれるのだ。

「愛」を育てるためのトレーニング

心から愛せる仕事を見つける

自分への愛、サービスを提供している相手への愛は、地上で最も説得力のあるセールス・テクニックである。営業マンはあらゆる種類の人に会うが、そのすべてが感じのいい人とはかぎらないだろう。そこで愛の力を高める方法を伝授する前に、大事な基本を確認しておこう。
営業の鉄則のひとつは、「営業マンとして成功するには、まず自分が売ろうとしているものに〝売り込まれる〟（ほれこむ）必要がある」ということだ。あなたは自分の仕事が好きだろうか。自分が売っている製品・サービスは、お客様にとって大きな価値があると、あなたは信じているだろうか。

職業の選択は伴侶の選択と同じくらい重要な問題だ。間違った理由で結婚する人が多いのと同じように、間違った理由で仕事を選んだり、起業したりする人も多い。今がチャンスのように思え、ひと儲けする夢に抗えないかもしれない。だが容貌や金銭に惑わされ、愛をおざなりにした関係は長続きしない。人と仕事との関係も、結婚と同じである。歳月がもたらす多くの試練を乗り越えるには、愛が基本になければならないのだ。

今の仕事が好きなら問題はない。しかし仕事を変えたいなら、まずこの本で学んだことを応用し、今の仕事といい関係を結べるよう必死で努力してからにしてほしい。本章で示した原則を守れば、たとえ行き詰まりを感じている仕事でも、心から愛せるようになれるかもしれないからだ。

以下の質問に答えて、「心から愛せる仕事」を見つけよう。

・どんなタイプの仕事が一番楽しいか。
・どんなタイプの仕事をしたとき、能力を認められたか。
・必ず成功する保証があるなら、どんな仕事につきたいか。
・ひまなとき、どんな仕事をするのが好きか。
・どんな仕事について話題にすることが多いか。
・あなたが最も尊敬する人はどんな仕事をしているか。
・今から三年しか生きられないとしたら、どんな仕事をしたいか。
・あなたの墓碑銘に、どんな職業を刻み込みたいか。

以上の質問に正直に答えれば、心から愛せる仕事を見つけるヒントを得られるはずだ。答えのなかに特定の仕事が何度も登場し、それが今の仕事と異なるなら、転職を考えたほうがいいかもしれない。ただし転職を決める前に以下の練習を行い、今の仕事を心から愛せるようになれないか、もう一度確かめてみよう。

今から一カ月、以下の練習を続ければ、「愛する力」がついてくる。

・まず、出会った人すべての長所をひとつずつ挙げ、正直にコメントを書き留めよう。
・どんなに明白な欠点があっても、これを書き留めてはいけない。

この練習をひとつの実験と思って、まじめに取り組んでほしい。あなた自身にも、出会った相手にも、驚くほどの変化が現れるはずだ。

自分の売るものに自信をもとう

花は美を愛する心ゆえに摘み取られ、花瓶のなかで弱り、枯れていく。鳥は愛らしさゆえに捕らわれ、かごに入れられ、もはや空を飛ぶことはできなくなる。利己的な愛は、愛の対象を思いやらず、自らの満足ばかりを追い求める。無私の愛は、その美、その愛らしさを損なわないよう、鳥を放し、花を摘み取らない。同じように、真に偉大な営業マンが抱く愛は、本質的に無私無欲の愛でなければならない。

製品、顧客、仕事への愛は、無私無欲のものでなければならない。忍び足で獲物をだまし討ちするライオンのような愛を、あなたの顧客に注いではいけない。むしろ、子の欲しがるものを与える母親のような愛を注ぐべきである。強盗が人をおどす銃を愛するように、あなたの製品を愛してはならない。むしろ医者が患者の傷を保護する包帯を愛するように、あなたの製品を愛すべきである。確かに営業で莫大な利益を手にすることもあるだろう。しかし利益の追求は素手で水をつかむのと同じである。実体のないものをつかもうとあせればあせるほど、するりと手から滑り落ちてしまうのだ。

どう考えても、この世界を豊かにするような売り物が見つからないなら、いっそ何も売らないほうがましだ。日々の糧を得るための労働が人類に貢献するものでないなら、今すぐその仕事をやめるべきだ。しかしあなたの製品ないしサービスが、たとえほんのささいなことでも、たったひとりの人間であっても、その生活を豊かにするものなら、胸を張って、世界中にそのことを宣言したらいい。自分のもっているものに自信を得て、不治の病に効く特効薬をもっているかのように、世界中に宣伝することだ。

最強のセールスマンへのインタビュー

ケン・ブランチャード Ken Blanchard

講演家／『1分間マネジャー』の共著者

ブランチャードの著書は各方面に影響をあたえ、スペンサー・ジョンソンとの共著『1分間マネジャー』（一九八三年、ダイヤモンド社刊）は二五カ国語以上に翻訳され、世界中で九〇〇万部以上を売り上げる、ビジネス書の大ベストセラーとなった。以後、『1分間』シリーズなど、多くのヒット作を世に送り出している。また、世界的な研修・コンサルティング企業、ケン・ブランチャード社を創設。母校コーネル大学の講師も務める。

顧客の期待以上のものを提供し、自分の熱狂的なファンにしよう

――営業の世界に入ったきっかけは？

最初から営業志望だった。高校で適性検査を受けたところ、営業マンとしての資質は完璧という結果が出た。そこでアイビーリーグの大学に進学し、優秀な成績をおさ

めて優良企業に就職し、営業の道へ進もうと思った。

大学三年の一九六〇年、大学生のためのセールス夏期研修に応募し、最終選考に残った。全国から二〇人の学生がニューヨークに集まり、うち一二人が研修に参加できることになっていたが、私は落選してしまった。どうしても納得できず、人事担当副社長に手紙を書き、何かの間違いではないかと問いただした。選ばれた学生より、自分のほうがずっと売上をあげられると思ったのだ。

この副社長の知り合いから聞いた話では、学生からそういう手紙が来たのは初めてだったらしい。結局、私は営業の道をあきらめ、別の道を探すことにした。ジョン・レノンではないが、「何かに夢中になっている間も、人生はたえずめぐっていく」のだ。いろいろなことがあって、結局大学の先生になった。教職の階段をのぼり、一〇年後にマサチューセッツ大学の専任教授となり、リーダーシップと組織行動学を教えるようになった。

一九七六年、一年間の研究休暇でカリフォルニアに行っている間に、学校をやめてしまった。青年社長協会（ＹＰＯ）というグループと知り合い、妻と一緒に起業するよう説き伏せられてしまったのだ。こうしてケン・ブランチャード社を設立し、現在ではアメリカ国内と海外三〇カ国に二四〇人の従業員をかかえている。

——これまでの人生で一番むずかしかったことは？

誰もがぶつかる問題だと思うが、自分が神に取って代わろうとする「エゴ」の誘惑にかられることだ。エゴに支配されると、常に「自分にとって何が一番得か」ということばかり考えるようになる。

一方、エゴを排除できると、「どうすれば最も人に奉仕できるか」と問うようになる。ところが来る日も来る日も、私を悪い道へ引っ張り込もうとエゴが顔を出す。エゴに対しては、毎日が戦いの連続だ。

——自分の最大の業績はなんだと思うか?

むろん、本が売れたこと。『1分間マネジャー』は私のキャリアで最も傑出した業績だ。この本はニューヨーク・タイムズ紙のベストセラーリストに三年間とどまった。刊行から一七年後の今もなお、ウォール・ストリート・ジャーナル紙の七月のビジネス書ベストセラーリストに入っているし、現在も毎月一万部以上売れている。

——お手本にしてきた「師」は?

いちばんの師は両親だ。父は海軍大将で、サーバント・リーダーのお手本のような人物だった。父の願いは私が部下の実力を最大限に引き出すことで、その点では道を間違えたと思っていた。母は説教テープが服を着ているような人で、いつも何かを教えていた。母から学んだ最も大事なことは、「他人に自分よりすぐれているように振る舞わせてはいけないし、自分が相手よりすぐれているように振る舞ってもいけない。

あなたたちはみんな神様の子どもなんだから」ということだ。

ノーマン・ビンセント・ピールからも大きな影響を受けた。最初に会ったとき、彼は八六歳で、一緒に『Power of Ethical Management』を執筆した。彼のような人物はまたといない。相手が知らない人間だろうが、長年の友人だろうが、彼は相手にとことん集中する。その人が世界で一番大切な人間になるのだ。人と話しているとき、ほかに来客がないか、電話がかかってこないかなどと気にすることは決してない。ひとたび彼の視界に入ったら、あなたが興味の中心になる。まさに、ホンモノのプライドをもった人物だ。

――あなたの最高の営業テクニックは?

顧客を熱狂的ファンにすることだ。「熱狂的ファン」とは、あなたに協力することが大好きで、そのことを自慢してまわりたがる人のことだ。こうなると、客というより、あなたの営業チームの一員だ。そして「熱狂的ファン」をつくりたいなら、顧客の利益を最大限まで伸ばすことに集中すべきだ。

――そのテクニックの実践例を教えてほしい。

顧客と話をするたびに、「このやりとりからひとつのドラマがつくれないだろうか、この人の期待を上回るにはどうすればいいだろうか」と考える。こんなふうに「筋書きを考える」のが「熱狂的ファン」をつくるコツだ。それには口先だけでなく、手間を惜しまないこと。「何とかしましょう」と請け合い、鷹のように飛翔することだ。

――意欲ある営業マンたちへのアドバイスは？

心の問題のほうが、世間的な成功より大事だということを忘れないでほしい。世間的な成功は、金銭や名声や地位の追求によって達成される。もちろん、金銭や名声や地位も悪いものとはいわないが、それで自分を規定するようになると問題だ。私は多くの営業マンがそうしているのを見てきた。

心の問題というのは、富を得ても寛容であること、名声を得ても人に奉仕しつづけること、権力や地位を得ても愛情深くあることだ。寛容で愛にあふれ、人に仕える人になれれば、営業の分野でもきっと偉業が成し遂げられる。だが、世間的な成功のモノサシにとらわれ、人生の精神的な意味を理解できないと、結局は燃え尽きて、思いどおりのことを成し遂げられなかったと後悔することになる。

――今のような人生哲学をもつに至ったきっかけは？

年齢というのは不思議なものだ。私は今年六〇になるが、うれしくてしかたがない。いろいろな意味で、これまでの五九年は、キリストのために働く準備期間だったと思う。これからの三五年、四〇年は、本当の貢献ができるだろう。「私の計画はこれこれです」などといえば、神はお笑いになる……年齢とともに、そのことがわかってきた。むしろ神のご計画に従って生きようと、今は思っている。

第三章

契約までに五回は売り込む

第三章で取り上げる第三の巻物では、粘り強さをどうやって身につけるかを教え、どうして営業マンには粘り強さが必要なのかを明らかにしている。多くの人が目標を達成できないのは、結果が出る前にあきらめてしまうからなのだ。

第三の巻物 忍耐

わたしは成功するまで
あきらめない

わたしは成功するまであきらめない。

東方では、闘牛に使う若い牡牛を、ある決まったやり方で試験にかける。一頭ずつ闘牛場に連れていき、槍で突いてくる闘牛士と立ち向かわせる。そのあと、槍の①**刃に傷つけられてもひるまずにいく度突進していったかによって、それぞれの牛の勇猛さが注意深く評価されるのである。②これからのわたしは、これと同じように、人生という試験を受けていることを自覚しよう。**あきらめずに挑戦を続け、突進しつづけるなら、わたしはきっと成功するだろう。

わたしは成功するまであきらめない。

わたしは負け犬としてこの世に生まれついたわけではなく、この身に失敗者の血が流れているわけでもない。[3]**わたしはおとなしく羊飼いに追われている羊ではない。わたしは獅子であり、羊と語ることも、歩くことも、眠ることもご免である。**わたしは泣いたり文句を言ったりする者に耳を貸したりしない。彼らの病は伝染するからである。そういう者たちは羊の群れに加われればよい。失敗という場に引かれていくのは、わたしの運命ではないのである。

わたしは成功するまであきらめない。

人生の報いは旅路の初めあたりにあるのでなく、終わりに待っている。そして目標を達成するのに、どれだけ階段をのぼらなければならないのかは、わたしに知らされていない。[4]**一〇〇〇段目で躓くこともあるかもしれないし、その角の向こうに成功が隠れているかもしれない。**角を曲がるまで、それがどれだけ近くにあるかはわからないのである。

わたしはたえず、階段をのぼりつづけよう。その一歩が何の役に立たなくとも、さらに一歩、また一歩とのぼりつづけよう。実際、それぞれの一歩はそれほどつらくないのだから。

わたしは成功するまであきらめない。

これからは日々の努力を、巨大な樫の木に向かって振り下ろす、斧の一振りのようなものだと思おう。最初の一振り、いや二度目も三度目も、木は微動だにしないかもしれない。[5]**一振り一振りはむなしく、何の意味もないように見えるかもしれない。それでも、そんな弱々しい一撃が積み重なって、やがて樫の木は倒れる。**今日、わたしが傾ける努力も、同じなのである。ピラミッドを建設する奴隷のひとりに、わたしはたとえられるだろう。わたしはレンガを一個ずつ積み重ねていって、わたしの城を築きあげよう。小さな努力が積み重なれば、どんな偉業も成し遂げられると、わたしは知っているからである。

わたしは成功するまであきらめない。

わたしは決して敗れるなどとは思わず、[6]**自らの語彙から「あきらめる」「できない」「能力がない」「不可能」「問題にならない」「ありえない」「失敗」「実行不可能」「見込みがない」「退却」といった言葉や表現を駆逐しよう。**それらは愚か者の言葉だからである。[7]**わたしはできうるかぎり絶望を避けるが、たとえこの心の病に感染したとしても、わたしは絶望の中でなお働きつづけよう。**わたしは労苦し、耐え忍ぼう。足元の障害物には目もくれず、かなたの目標に視線を定めよう。砂漠の果てるところに緑野が広がっていることを、わたしは知っているからである。

わたしは成功するまであきらめない。

[8]**わたしは古来の「大数の法則」を思い起こし、それを自分のために利用しよう。**

売り込みに失敗するたびに、次に成功する確率は大きくなるのだと信じつづけよう。「否」と言われるたびに、わたしは「諾」という答えに一歩ずつ近づく。しかめ面をされるたびに、次に笑顔に出会える可能性はますます高まる。わたしが出遭う不運のひとつひとつに、明日の幸運の種が隠されている。光のありがたさを知るには、夜をくぐり抜けなければならない。ただ一度の成功のために、わたしは何度も失敗しなければならないのである。

わたしは成功するまであきらめない。

わたしは何度も何度も試みつづけよう。障害物はすべて、目標に到達するための単なる回り道であり、信念を試されているのだと考えよう。水夫が荒れくるう嵐を乗り切るたびに腕を磨いていくように、わたしも粘り強く力を磨いていこう。

わたしは成功するまであきらめない。

⑨**これからは、わたしと同じ仕事で成功した人々に共通する、もうひとつの秘密を学び、実践していこう。**すなわち、その日一日が成功であっても失敗であっても、一日の終わりにもう一品を売る努力をするということである。疲れた体を家へ運びたい気持ちになったら、その場を去りたい誘惑に抗おう。そしてもう一度試みよう。一日を勝利で終わらせるべく、もう一度試み、失敗したらさらにもう一度試みよう。たとえ一日でも、失敗のまま終わらせはしない。こうしてわたしは明日の成功に向

けて種を蒔き、時間が来れば仕事をやめてしまう人々に対して、圧倒的な勝利をおさめるだろう。他の人々が戦いをやめるとき、わたしの戦いは始まり、わたしは豊かな収穫を得るだろう。

わたしは成功するまであきらめない。

⑩**わたしは昨日の成功によって、今日の自己満足に釣り込まれないようにしよう。それこそが失敗の大いなる土台だからである。**過ぎ去った一日に起きたことは、良いことだろうと悪いことだろうと忘れてしまおう。そして、今日という日が人生最良の日となることを信じつつ、新たな日の出を迎えよう。

息の根が止まらないかぎり、わたしはがんばりつづける。なぜなら今のわたしは、地上最強の成功原理のひとつを手にしているからである。すなわち、じっと忍耐しつづければ、わたしは勝つのである。

わたしはあきらめない。

そして、わたしは勝つ。

オグ・マンディーノの教え3
契約までに五回は売り込め

多くの人が目標を達成できないのは、望みどおりの結果が得られる前にあきらめてしまうからだ。努力をすれば、確実に何らかの結果は得られるだろう。しかし、それが、思いどおりの結果であることはあまり多くない。

偉大な成功は——あるいはその意味では偉大な失敗も——粘り強さがなければ達成できない。粘り強くがんばれない理由はいろいろあるだろう。本章では、そうした理由のいくつかを検証し、どうすればそれを防げるかを考えていこう。

第三の巻物は、粘り強さをどうやって身につけるかを教え、どうして営業マンには粘り強さが必要なのかを明らかにしている。人に嫌われるしつこさと、頭を使った粘り強さとではだいぶ違う。けれども、ときには両方の要素を少しずつ兼ね備えていたほうがいいのかもしれない。以下の説明から、忍耐力を磨いて、どんなにガードの堅い客の心にも入り込めるようになってほしい。

①客に拒絶されたら別のターゲットを見つける

「槍の刃に傷つけられてもひるまずにいく度突進していったかによって、それぞれの牛の勇猛さが注意深く評価されるのである。」

客の「拒絶」は製材所のおがくずのようなものだ。それは、仕事につきものの副産物である。「拒絶」のショックから身を守ってくれるのは、「粘り強さ」だけかもしれない。執拗に獲物を追って走り回っているとき、傷をなめている暇はないからだ。

客に拒絶されても、恨んではいけない。もっと別の、もっと訴求力のある売り込み方を考えればいいのだ。一番いいのは、別のターゲットを見つけることだ。闘牛のように、拒絶の刃が届かないほど、面《つら》の皮を厚くしておこう。ただし頭を働かせ、こちらの気をそぐような見え透いた言い訳に惑わされず、最終的な目標をあくまで見失わないようにしよう。

②試練は避けられないもの

「これからのわたしは、これと同じように、人生という試験を受けていることを自覚しよう。」

危険を承知で、なお前進していくのが真の勇気である。日々出合う試練は、勇敢さを試す試金石なのだ。その「試験」を乗り越えると、一段高いレベルにのぼることができ、さらに厳しい試練が与えられる。逆に「試験」をパスできなければ、きちんとできるようになるまで、何度でも同じ課題に取り組まなければならない。

「試験」は避けられないのだと悟って、勇敢に立ち向かっていこう。いずれは試験にパスできる。逃げ回っても、この試験を逃れることはできない。

③自分のことに責任をもとう

「わたしはおとなしく羊飼いに追われている羊ではない。わたしは獅子であり、羊と語ることも、歩くことも、眠ることもご免である。」

羊は世界で最もひ弱な動物である。羊飼いに守られ、食事や水を与えてもらわなければ生きていけない。一方、ライオンは自立し、自分と家族を養うだけの大胆さを備えている。

すぐれた営業マンになるには、自ら可能性を切り拓いていける徹底した実行力が必要である。羊のように、追いたてられなければ行動できないメンタリティに陥ってはいけない。ライオンとなって、自分のことに責任をもとう。

④契約までに五回は売り込む

「一〇〇〇段目で躓くこともあるかもしれないし、その角の向こうに成功が隠れているかもしれない。」

失敗を失敗と認めて、初めてそれは失敗となる。私はよく、偉大な発明王トーマス・エジソンの粘り強さを思い出す。電球をつくるために何千回も実験を繰り返したエジソンは、何度失敗してもそれを失敗とは認めなかった。「間違った方法を切り捨てていくたびに、また一歩前進したことになる」とエジソンは言っている。

セールス・トレーニングの世界的権威のひとりであるブライアン・トレーシーは、契約までに平均五回の売り込みが必要だと言っている。なのに大半の営業マンは一回であきらめてしまう。そしてその結果、驚くほど多くの売上が失われている。それもこれも、営業マンより客のほうが、相手の反論に動じないからなのだ。

成功をめざそうとすれば、目標に達するまでに多くの障害が立ちはだかる。だが目標を放棄してはいけない。むしろその目標に達するための別の方法を探そう。粘り強く続ければ、必ず成功への道を見出せるはずだ。

⑤巨木を倒すのは無数の一振り

「一振り一振りはむなしく、何の意味もないように見えるかもしれない。それでも、そんな弱々しい一撃が積み重なって、やがて樫の木は倒れる。」

樫の大木を倒すのは、最後の一撃ではなく、一振り一振りの積み重ねである。人間は短気だから、目標達成までの無数の一振りの大切さを忘れがちである。そして子どものように欲しいものをすぐ手に入れたがり、手に入らないとすぐいらいらする。

その場かぎりの努力では、長期的な利益をあげていくことはできない。努力を積み重ねるからこそ、永続的な結果を得られるのだ。

時計の長針を見ていると、意外と動きが速いことに驚く。短針も同じように動いているのだが、動きが遅すぎて実感できない。このように一見、何の役に立たないようでも、努力はすべて、何らかの結果を生み出しているのだ。

⑥マイナスの言葉を使わない

「自らの語彙から、『あきらめる』『できない』『能力がない』『不可能』『問題にならない』『ありえない』『失敗』『実行不可能』『見込みがない』

『退却』といった言葉や表現を駆逐しよう。」

あなたが口にする言葉は、二つの点で人生に大きな影響を与える。すなわち、その言葉をかけた相手の思考と、あなた自身の思考という点においてである。あなたの語る言葉は、常にあなたの内面を映し出す一方で、あなたの内面にも影響を与えているのだ。

自己イメージを変える最も手っ取り早い方法は、言葉を変えることだ。言葉は思考の入れ物であり、言葉と思考は密接に結びついている。考え方が変われば言葉も変わり、言葉が変われば考え方も変わるのである。

⑦プラス思考で心の中をいっぱいにする

「わたしはできうるかぎり絶望を避けるが、たとえこの心の病に感染したとしても、わたしは絶望の中でなお働きつづけよう。」

どんなにがんばっても、絶望にとらわれることはある。それは伝染しやすく、症状も重い流感のようなものだ。だが免疫力をしっかりつけておけば、そう簡単に絶望にとらわれることもなくなるはずだ。

絶望は心の病であり、免疫力をつけるには、前向きなプラス思考で心をいっぱいにしておくといい。プラス思考が浸透した環境では、絶望というウイルスは長く生きられないからだ。

⑧成約率一〇〇%でなくてもがっかりしない

「わたしは古来の『大数の法則』を思い起こし、それを自分のために利用しよう。」

「大数の法則」とは、おおざっぱにいえば、営業を繰り返していると、最終的には特定の成約率に収斂していくということである。この「大数の法則」を自分に有利に働かせるためには、まず現在の成約率を求めることから始めよう。たとえばあなたの営業が五回に一回は成約に至るとしたら、成約率は二〇%となり、一〇〇件の営業を行えば、二〇件が成約に至るという計算になる。

ここで大切なのは、成約率が一〇〇%でなくてもがっかりしないことだ。フランク・ベトガーは有名な著書『How I Raised Myself from Failure to Success in Selling』のなかで、自分の行った営業活動はすべて利益につながったと言い切っている。彼がかけた一八四九件の電話のうち、八二八件が面談に至り、そのうち六五件が成約したことから、純益は四二五一・八ドルだった。つまり、色良い返事がもらえようともらえまいと、一本の電話から平均二・三〇ドルの儲けが得られたことになるのだ。

⑨人より「一回多く」チャレンジする

「これからは、わたしと同じ仕事で成功した人々に共通する、もうひとつの秘密を学び、実践していこう。」

成功する営業マンと凡庸な営業マンとの違いは、成功する営業マンのほうが人より「一回多く」チャレンジするということである。

成功する営業マンは、見込み客から一回断られたからといって、あきらめたりはしない。成功する営業マンは、もう一度試みる。そして、それでも取引成立まで導けなかったら、次の客に移って、翌日も同じことを繰り返すのである。

⑩これまでの業績に自己満足しない

「わたしは昨日の成功によって、今日の自己満足に釣り込まれないようにしよう。それこそが失敗の大いなる土台だからである。」

現代は進歩のスピードが速いので、過去の業績をたたえている余裕などない。まわりが同じところにとどまっていないから、自分も前進を続けなければ取り残されてしまう。過去の成功に浸って時間をムダにしていると、すぐ過去の人になってしまう。新たな業績目標を設定して努力しないと、活力を保つことはできないのだ。

「成功」に負の側面があるとしたら、それは大きな目標を達成したあとに起こる脱力感にある。新たな目標を設定しないと、これまでの業績に自己満足してしまう。真に成功した人々は、決して成長をやめたりしない。それは、常に上をめざす意欲をかき立てられるほど、大きな夢をもっているからだ。自己満足という罠に陥らないよう、たえず新しい目標を設定し、夢を広げていこう。

粘り強さを育てるためのトレーニング

常に五種類のアプローチを使い分けられるようにしておく

以下では、粘り強さを育てるための実践的な練習を行っていこう。これまで述べたことをひと言でいうなら、「勝利を信じていれば、誰でも粘り強くがんばれる」ということだ。

よく考えてみてほしい。人が努力をやめるのは、失敗を恐れるからにほかならない。夢を確実に実現できるルートに乗っているとき、そこから外れようとする者などいるだろうか。さしたる理由もなく、よそ見をしたりする者がいるだろうか。目標に到達できない恐れが出てこないかぎり、そんなことはしないはずだ。

人間の心には、未来を見通す驚異的な力が備わっている。何歩も踏み出さないうちから、結果を見通すことができるのだ。彫刻家はごつごつした石材をひと目見ただけで、美しい彫像をイメージできる。一方で、実際に彫像を完成させるには、一振り一振り、時間をかけてノミを振るいつづけなければならない。営業マンも同じで、成功のイメージを思い描いたうえで、その成功を実現するために長い時間をかけて努力を重ねていかなければならないのだ。

以下では、商談をまとめるための一〇の取引成立テクニックを伝授しよう。あなたにも独自のテクニックがあるはずだが、常に五種類以上のアプローチを使い分けられるようにしておこう。そのためには、少なくとも六種類のテクニックを頭に叩き込んでおかなければならない。相手を取引成立へと導く過程で、商談がまとまらなくてもがっかりしてはいけない。結果ばかり追い求めず、相手からともかく「反応」を引き出すことをめざそう。好ましい反応が得られないときは、別の反応を引き出すために別のアプローチを試してみよう。アプローチを重ねるごとに、営業プロセスの全体が掌握できるようになり、自信が出てくるはずだ。こうすれば、もはや「失敗」はありえず、すべてが「勉強」となる。

さて、一〇のテクニックとは以下のようなものである。

1　仮定による取引成立テクニック：見込み客がすでに製品を買ったという仮定に立って説得する。

2　選択による取引成立テクニック：見込み客に二つ以上の選択肢を与える。
3　質問による取引成立テクニック：見込み客が「イエス」と答えそうな質問を複数投げかける。
4　鋭角的取引成立テクニック：見込み客の疑問を解消したら、何をしてくれるかという交換条件を出す。
5　直接依頼による取引成立テクニック：見込み客に自分の製品ないしサービスを買ってほしいと頼む。
6　権威づけによる取引成立テクニック：見込み客が尊敬している人も買っていると伝える。
7　テストによる取引成立テクニック：見込み客がどれくらい興味をもっているか、一連の質問によって評価を行う。
8　価格による取引成立テクニック：製品ないしサービスの価格が、見込み客の予算内におさまることを証明する。
9　権利剥奪による取引成立テクニック：製品がなくなる、あるいは取引条件が変わってしまうことを示唆する。
10　ベン・フランクリン方式による取引成立テクニック：購入をめぐるプラス面とマイナス面をリストアップする。

最強のセールスマンへのインタビュー

ジョー・ジラード Joe Girard 「世界一のセールスマン」

靴磨き少年から出発したジラードは、九歳で新聞配達員となり、皿洗い、配達、レンジ組み立て職人、建設業者などを転々としたのち、自動車ディーラーのセールスマンとなり、一五年間に計一万三〇〇一台の車を販売し、七三年には一四五二台の年間売上台数を記録。一二年にわたってギネスブックに「世界一のセールスマン」として掲載された。一日平均六台という高額商品の売上記録もいまだに破られていない。

一にも、二にも、三にもサービス

――営業の世界に入ったきっかけは？

建設業で失敗して、ある時帰宅したら食料品が底をついていた。それで家族を養うために車の営業を始めた。

――これまでの人生で一番むずかしかったことは？

自分がくだらない人間でないことを父親に証明すること。

――自分の最大の業績はなんだと思うか？

自動車販売高一位の称号を受け、世界一の小売セールスマンとしてギネスブックに載ったこと。

――お手本にしてきた「師」は？

母、そして『The Power of Positive Thinking』（邦題『積極的に考える──自信と勇気を与える法則』一九九三年、実務教育出版刊）の著者ノーマン・ビンセント・ピール博士だ。

──あなたの最高の営業テクニックは？

一にも、二にも、三にもサービスだ。

──そのテクニックの実践例を教えてほしい。

心から人を愛し、誰に対しても手間を惜しまないこと。

──意欲ある営業マンたちへのアドバイスは？

常に精神を集中し、自分に忠実であること。他の営業マンが悪口を言っても聞き流し、ネガティブ思考から身を遠ざけること。

──今のような人生哲学をもつに至ったきっかけは？

私の人生を変えたのは、おまえはいつか大きなことを成し遂げる、いつか大物になると、口癖のように言っていた母の言葉だ。

第四章

自分をもっと評価しよう

第四章で取り上げる第四の巻物では、無限にして未開発のあなたの可能性を余すところなく描き出している。自分がどこまで変われるかがわかれば、あなたは今までとはまったく違った自分になれるはずだ。

第四の巻物 自尊心

このわたしは、自然における最も偉大な奇跡である

このわたしは、自然における最も偉大な奇跡である。

永遠の昔から、わたしと同じ思い、心、目、耳、手、髪、口をもった者は二人といなかった。**過去[1]に生まれた者にも、今生きている者にも、これから生まれてくる者にも、わたしとそっくり同じように歩き、話し、動き、考える者はひとりもいない。**すべての人はわたしの兄弟であるが、わたしはその誰とも違っている。わたしは、かけがえのない被造物なのである。

このわたしは、自然における最も偉大な奇跡である。

わたしは動物界の一員だが、動物的な報いだけでは満足できない。わたしの中に

は炎が燃えさかっている。それは、数え切れない世代をとおして受け継がれてきた炎である。そしてその熱は、より良い自分になるようにと、わたしの精神をたえずかき立てている。だからわたしは、より良い自分になろう。この飽くことなき炎を燃え立たせて、自分がかけがえのない存在であることを、世界に向かって宣言しよう。

　わたしと同じように絵を描き、同じようにノミを振るい、同じように字を書き、同じ子どもをつくることのできる者はいない。実際、わたしとまったく同じように物を売ることができる者もいない。②**これからのわたしは、こうした違いを役に立てよう。わたしはこの財産を、最大限に生かさなければいけないのである。**

　このわたしは、自然における最も偉大な奇跡である。

　人を真似ようとして、むなしい努力をするのはもうやめよう。むしろ、かけがえのない自分をこそ、市場において発揮しよう。そしてそれを宣伝し、売り込もう。これからは人との違いを強調し、人と似ているところは隠すようにしよう。またわたしが売る商品についても、同じ原理に従おう。すなわち、他の何ものとも違う、そしてその違いに誇りをもつ商人となり、商品にしていこう。

　このわたしは、自然における最も偉大な奇跡である。

　わたしはたぐいまれな存在であり、たぐいまれなものはすべて価値がある。だから、わたしには価値がある。[3]**わたしは何千年にもわたる進化の生み出した最終製品であり、したがって、先立つあらゆる帝王や賢者より、思いにおいても体においても、よりすぐれている。**

しかし、わたしが自らの能力、思い、心、そして体を最大限に生かさないならば、それらは退化し、腐り、死んでしまうだろう。[4]**わたしには無限の可能性がある。わたしは脳のほんの一部しか使っていないし、筋肉のほんの一部しか動かしていない。**

昨日までに成し遂げたことを、一〇〇倍以上にも大きくすることが、わたしにはできる。だから、そのようにしていこう。昨日までの実績に決して満足せず、本当は称賛するに値しない行いを、自画自賛することもやめようと思う。わたしには、これまでよりはるかに多くのことを成し遂げる力があるし、現にそうしていこうと思う。なぜなら、わたしという存在を生み出した奇跡が、わたしの誕生とともに終わるはずはないからである。

この奇跡を、今日の行いにまで広げられないはずがあるだろうか。

このわたしは、自然における最も偉大な奇跡である。

わたしが地上に生まれたのは偶然ではない。わたしが生まれたことには目的があり、その目的とは、砂粒のようなちっぽけな存在になることではなく、山のように大きく成長することである。これからのわたしは、最も高い山になることに最大限の努力を払い、わたしの潜在能力が悲鳴をあげるまで、その力を引き出すことにしよう。**わたし⑤は人間に対する知識、自分に対する知識、そしてわたしの売る商品に対する知識を増やしていこう。こうして、わたしの売上は何倍にも増加するだろう。⑥わたしは商品を売るときの言葉遣いを練習し、より良いものにし、磨き上げていこう。なぜならこれが、わたしが仕事を続けていくための土台となるからである。**そして、たったひと言の売り込み口上を巧みに操って、大いなる富と成功を手にした人がたくさんいることを自覚しよう。また、礼儀作法をたえず磨いていこう。なぜならそれは、あらゆる人をひきつける甘い水だからである。

　このわたしは、自然における最も偉大な奇跡である。

わたしは目の前の問題に力を注ごう。そして行動することによって、それ以外のいっさいのことを頭から振り払おう。家庭の問題は家庭に置いていこう。市場にいるときは、家族のことは考えないようにしよう。それはわたしの思考を曇らすからである。同じように、市場での問題は市場に置いていこう。そして、家にいるときは仕事のことを考えないようにしよう。それはわたしの愛をだめにしてしまうからである。

　市⑦場に家庭の入り込む余地はなく、家庭にも市場の入り込む余地はない。それぞれを切り離すことで、わたしはいずれとの結びつきも失わないようにしよう。両者を分けなければ、仕事を続けることはできない。これは、いつの世にもつきまとう矛盾なのである。

このわたしは、自然における最も偉大な奇跡である。

わたしは見るために目を、考えるために心を与えられている。そして**今[8]のわたしは、人生の偉大な秘密を知っている。すなわち、いかなる問題も、失望も、心の痛みも、その裏に大いなる可能性を秘めていることに気づいているということだ。**わたしの目が開かれたので、もはや物事の外面に惑わされることはなくなった。衣の下に隠されたものが見えるので、欺かれることはないのである。

このわたしは、自然における最も偉大な奇跡である。

いかなる動物も、植物も、風も、雨も、岩も、湖も、わたしと同じように生まれたものはひとつもない。なぜなら、[9]**わたしは愛によって命を与えられ、目的をもって生み落とされたからである。**今まではそのことに思い至らなかったが、これからはそのことがわたしの人生を形づくり、導いていくだろう。

[10]**このわたしは、自然における最も偉大な奇跡である。**

自然は打ちのめされることがない。最後には自然が勝つ。だからわたしも、いつかは勝つ。そして勝利を重ねるごとに、次の戦いは楽になっていくのである。

わたしは勝利し、偉大な商人になるだろう。なぜなら、わたしはかけがえのない存在だからである。
このわたしは、自然における最も偉大な奇跡である。

オグ・マンディーノの教え4

自分をもっと評価しよう

人生において何が達成され、何が達成されないかは、その人の個性によって決まるのではない。それはあなたが、自分をどんな人間と「考える」かにかかっているのだ。自分をどう見るかが、表に出る能力や性格を形づくる。そして表に出るその「自己」が、まわりからの反応を決めるのだ。

自分の長所や弱点ばかり分析していても、自らの本当の姿を正しく知ることはできない。オグ・マンディーノは『この世で一番の奇跡』(一九九九年、PHP研究所刊、原題『The Greatest Miracle in the World』)のなかで、「あなたは単に人間として存在しているのではなく、これからこうなるという可能性をもつ者としての人間なのです」という、深遠なる真理を明らかにしている。

第四の巻物は、無限にして未開発のあなたの可能性を余すところなく描き出している。そして、あなたにどれほどの可能性が秘められているかを明らかにすることにより、あなたの自己イメージを高め、潜在能力を最大限に発揮するすべを教えてくれるのだ。自分がどこまで変われるかがわかれば、あなたは今までの自分とはまったく違う自分になれるはずだ。

①自分をもっと評価しよう

「過去に生まれた者にも、今生きている者にも、これから生まれてくる者にも、わたしとそっくり同じように歩き、話し、動き、考える者はひとりもいない。」

無二の存在である自分には、途方もない価値があることを信じよう。それを信じないのは、唯一無二の貴重な芸術作品を軽んじるのと同じことである。自分という人間の価値がわからなければ、自分を必要以上に安売りしてしまうだろう。自分をもっと高く評価できるようになれば、他人もあなたを高く評価するようになるのだ。

②他との違いがセールス・ポイントになる

「これからのわたしは、こうした違いを役に立てよう。わたしはこの財産を、最大限に生かさなければいけないのである。」

人間は、他人と同じになろう、群れに同化しよう、人から受け入れられようとするものだ。だが人と同じになろうとするのは、本当の自分を受け入れていない証拠である。

むしろ、人との違いを強調しよう。違いがあるからこそ、あなたの個性が浮き立つのだ。あなたの製品・サービスをよく吟味して、他の製品・サービスと異なる特徴を見つけよう。そこにこそ、あなた独自のセールス・ポイントがあるのだ。

他と違うというだけで、人は買いたくなるものだ。あなたの製品は他の製品より新しかったり、古かったり、大きかったり、小さかったり、安かったり、より豪華だったりしないだろうか。どんな違いであろうと、地上の誰ももっていない何かを、あなたはもっている。その違いをうまく利用できれば、世間はそれに十分に報いてくれるはずだ。

③常に前進する

「わたしは何千年にもわたる進化の生み出した最終製品であり、したがって、先立つあらゆる帝王や賢者より、思いにおいても体においても、よりすぐれている。」

今の時代の若者は、曾祖父母の世代が一生かかっても得られなかったほどの情報を、毎日のように手に入れている。驚異的な技術革新を特徴とする時代に生きる我々は、前の世代よりはるかに有利な立場にある。だが、こうした有利さが逆に無気力を招くこともある。進化のプロセスをさらに押し進めようとせず、他人が築きあげたものの上にあぐらをかいてしまうのだ。

人類の進歩発展を継承し、自らもまた与えられた人生のなかで進歩を達成し、次世代の人々に恩恵をもたらすのはあなたの責務なのである。

④使っていない九〇％の脳を生かす

「わたしには無限の可能性がある。わたしは脳のほんの一部しか使っていないし、筋肉のほんの一部しか動かしていない。」

ある研究者によれば、人間は一生のあいだに脳の平均一〇％しか使わないという。この無尽蔵の潜在能力を掘り起こす新しい方法を見つけることが、あなたの課題である。未開発の潜在能力の限界をたえず突破しようと努めていれば、想像もしていなかった能力を自分の中に発見できるだろう。

今この瞬間も、あなたのなかには無限の潜在能力が眠っている。それは、未知の問題に出合って初めて力を発揮するのだ。だから進んで問題を探し求め、潜在能力を引き出す新たな方法を見つけていこう。そうすれば、あなたの業績は飛躍的に高まるだろう。

⑤客の具体的なニーズを見抜く

**「わたしは人間に対する知識、自分に対する知識、
そしてわたしの売る商品に対する知識を増やしていこう。
こうして、わたしの売上は何倍にも増加するだろう。」**

十分な商品知識を身につけることは、営業プロセスに熟達するうえで最も重要なステップのひとつである。製品やサービスに関する知識が深まれば、自信をもってプレゼンテーションを行える。客の質問に自信をもって答えられれば、客はあなたを信頼し、その道の専門家としての洞察力に期待をもつ。いったん客の信頼を得れば、どんなコメントやアドバイスをしようと、受け入れてもらえる可能性は高まるのだ。

人間とはどういうものかを知ることも、さまざまなタイプの客を相手にする際に大きな助けになる。客の具体的なニーズを見抜くことは、商品知識に勝るとも劣らないほど重要なことである。もちろん、客を十把ひとからげに考えてはいけない。一人ひとりの個性を見きわめ、尊重することだ。

⑥プレゼンテーションの達人になる

「わたしは商品を売るときの言葉遣いを練習し、より良いものにし、磨き上げていこう。なぜならこれが、わたしが仕事を続けていくための土台となるからである。」

仕事に熟達するには、中身の濃い練習を重ねることだ。資質に恵まれた天才でさえ、その分野に熟達するには練習を重ねなければならない。営業マンにとっての「言葉」は、音楽家にとっての楽器のようなものである。言葉を巧みに操る能力を磨かないかぎり、何をいってもたわごととしか受け止めてもらえないだろう。

営業プロセスに熟達するには、プレゼンテーションに熟達しなければならない。プレゼンテーションとは、単に商品ないしサービスについて漠然と説明することではない。営業の達人と呼ばれる人はみな、説明するだけでは営業にならないと口をそろえて言う。営業をするときは、やり手の弁護士が証人尋問するときのような正確さで、考え抜かれた問いを発していかなければならない。質問をする前から答えを予測できなければいけないし、客の反応も予測できなければならない。このレベルに達するには、プレゼンテーションを何度も繰り返し練習する以外ないのである。

⑦家庭と仕事のバランスをとる

「市場に家庭の入り込む余地はなく、家庭にも市場の入り込む余地はない。それぞれを切り離すことで、わたしはいずれとの結びつきも失わないようにしよう。」

家庭と仕事はどちらも大切だが、両者が重複すると危険である。ひとつの危険は、二者択一を迫られたときに生じる「勘違い」にある。

家庭と仕事は人生においてあまりに大切なものなので、どちらかを優先させたい誘惑にかられ、その結果、極端な考えに走るケースが少なくない。両者をうまくバランスさせていく秘訣は、家庭と仕事の両方に対して、心のこもった、中身の濃い時間を確保することである。

⑧逆境の中にチャンスはある

「今のわたしは、人生の偉大な秘密を知っている。すなわち、いかなる問題も、失望も、心の痛みも、その裏に大いなる可能性を秘めていることに気づいているということだ。」

人間には摩擦を避けようとする本能がある。より抵抗の少ない道を行くほうが楽だからである。しかし本当のことをいえば、逆境は成長の肥やしなのである。意見がぶつかるのは愉快なことではないが、それだけ実力がつくともいえる。

ナポレオン・ヒル流に言えば、「いかなる逆境にも、それに匹敵する利益の種子が隠されている」。ポイントは、逆境のなかに隠された利益を見抜けるような視点をもつことである。

⑨自分の可能性を最大限に発揮する

「わたしは愛によって命を与えられ、目的をもって生み落とされたからである。」

オグ・マンディーノは著書『この世で一番の奇跡』のなかで、受胎という行為を次のように表現している。「あなたの父の至高の愛の瞬間、四億を超える無数の愛の種が流れ出ました。そのすべてがあなたの母のうちで泳ぎまわり、力尽きて死んでいきました。たったひとつ、あなたという種だけを除いて」

生命の創造が、人知のおよぶ最も偉大な奇跡のひとつであることは間違いない。さらに驚くべきことは、それが二人の人間による究極の愛情表現から起こることである。そんな出会いから、驚くような結果がもたらされないはずがあるだろうか。あなたの誕生をめぐる事情がどのようなものであれ、あなたが今存在しているということそのものが、あなたの命が奇跡の産物であることの何よりの証拠なのだ。

そして、あなたの誕生が奇跡の産物であるならば、今のあなたも奇跡であるはずだ。自分がいかにしてこの世に生まれてきたかを考えれば、自分の可能性を最大限に発揮しなければならないという、強い意欲がわいてくるはずなのだ。

⑩必ず勝利すると信じる

「このわたしは、自然における最も偉大な奇跡である。自然は打ちのめされることがない。最後には自然が勝つ。だからわたしも、いつかは勝つ。」


人間とは、何と不思議な自然現象だろうか。自然の偉大な力を完全にコントロールすることができないように、あなたのうちからわき上がる力もまた、周囲の状況に左右されることはない。自然の非情なまでのパワーはすべての被造物に宿っており、あなたも被造物の一員であるからには、同じような自然のパワーがあなたのなかに存在し、あなたをとおして具現化されるのを待っているのだ。

あまたの災害で傷つけられようと、母なる自然は歳月によって自らの傷をいやしつづける。

同様にあなたも、成功に至るまでにいくたび敗北や挫折をこうむろうとも、勝利は必ず得られると信じていていいのだ。

自尊心を高めるためのトレーニング

自分の欠点ではなく、長所を数え上げる

自分に自信がもてない最大の理由は、自分にないものばかりを数え上げ、それによって自分の価値をはかろうとするからだ。自分と他人とを比べ、自分は誰それより健康でない、お金がない、頭が良くない……というように、劣っている部分ばかりを気にしすぎるのだ。

こんな考え方をしていると、自分の欠点ばかりが強調され、自己評価は低くなるばかりだ。むしろ、自分にあるものを数え上げたほうがいい。物質的な所有物だけでなく、人生のあらゆる部分で、あなたに豊かさをもたらしているものを数え上げるのだ。

さあ、あなたの財産目録をつくってみよう。

① 今までにやり遂げたことで、誇りに思えることを一〇挙げよう。
② あなたの性格のなかで、最も称賛すべき長所を五つ挙げよう。
③ この一年間で、目標にしていたことが達成できた例を三つ挙げよう。
④ あなたの知り合いのなかで、最もすぐれた人を七人挙げよう。

⑤　あなたがこれまでに学んだ最も大事な教訓を二つ挙げよう。
⑥　この一年間に思いついた最高のアイデアは何か。
⑦　これまでに大きな挫折を味わい、乗り越えることができた例をひとつ挙げてみよう。
⑧　地域共同体へのあなたの最大の貢献は何か。
⑨　この一年で、あなたが最も進歩した点を三つ挙げよう。
⑩　今日死ぬとしたら、あなたが人類に残した最大の貢献は何か。

こうしてできあがったリストを読み返せば、低かった自己評価も高くなるはずだ。さらにリストを更新していけば、自己評価はもっと高くなるだろう。月一回、時間をとって、過去一カ月の進歩を振り返り、翌月の計画を立ててみよう。その際、上記のリストをもう一度読み返そう。定期的にこの練習を繰り返していると、次はもっとリストをレベルアップしようという意欲がわいてくるはずだ。

営業マンが自信をもって仕事に取り組めるようになるには、自分の専門分野に精通していなければならない。以下は、これを達成するための一〇のステップである。

①　あなたの製品・サービスの特徴を三つ挙げ、記憶する。
②　あなたの製品・サービスのメリットを三つ挙げ、記憶する。

③あなたの製品・サービスに対して最も多い不満を三つ挙げる。
④これらの不満に対する典型的な対応を三種類記憶する。
⑤あなたの製品・サービスのユニークさを三つ以上挙げる。
⑥よくある質問（ＦＡＱ）のベストテンを作成し、それに対する答えを考える。
⑦あなたの専門分野において、権威と呼ばれる人の言葉を集める。
⑧業界団体に入会し、業界誌を購読する。
⑨仕事に関連する代表的な著作を何冊か読む。
⑩仕事に関連するセミナーや講演会に出席する。

最強のセールスマンへのインタビュー

マーク・ビクター・ハンセン Mark Victor Hansen

著述家／講演家／セールス・トレーナー／起業家

マーク・ビクター・ハンセンは、七四年の石油危機で一夜にして会社も彼自身も破産状態に追い込まれた。その後、自己啓発の論客キャベット・ロバートのテープに感銘を受け、二八〇回も聴き直した。そして屋根裏部屋の生活から脱出して、キャベットと同じプロ講演家の道を選び、その後は講演界の歴史に残る活躍をする。

一方、研修教材の開発や著作でも実績をあげ、とくに『こころのチキンスープ』（一九九五年、ダイヤモンド社刊、原題『Chicken Soup for the Soul』）は九三年の刊行以来、六〇〇万部以上を売り上げ、今もベストセラーリストに掲載されている。『チキンスープ』シリーズはその後も多くの人々に読み継がれている。

「買って欲しい」と何度も頼み、頼むことを楽しむ

――営業の世界に入ったきっかけは?

営業は九歳のときに始めた。ヨーロッパにいたころ、ドロップハンドルの競争用自転車を父にねだったら、「一二歳になったら買ってやる。だが自分で稼ぐのなら、今すぐ買ってもいい」と言われた。そこでグリーティングカードの委託販売に目をつけた。辞書を見たら、「委託販売」とは製品を供与してもらって、一定の額を送り返せばいいという。これなら自分にもできると思って訪問販売を始めたが、断られることはまずなかった。本当は近所しか回ってはいけないことになっていたが、夢中になってほうぼうへ出張していった。みんな私を家に招き入れ、私の説明に耳を傾け、私のことを働き者の少年と思ってカードを買ってくれた。結局、カード販売でナンバーワンになり、「こりゃあいい、一生これをやろう」と思った。だが、本当に一生この仕事をすることになろうとは思ってもいなかった。

そんなささいなことがきっかけで、やがては『チキンスープ』シリーズで五〇〇〇万部以上を売り上げるようになった。ずいぶん順調に来たものだと思う。

――これまでの人生で一番むずかしかったことは?

いちばんの難問は、地球上のどんな人よりチャンスにめぐまれたということだ。その結果、「イエス」と答えたいものにも「ノー」と答えなければならない。自分の好き

なこと、信じていることでもね。仕事に深入りして、時間の余裕がないんだ。たとえば『チキンスープ』シリーズは七四作に達しているし、テープも製作している。

――自分の最大の業績はなんだと思うか？

今、こうしてあなたと話していることだ。インタビューしたいと思うほど関心をもってくれる人がいること自体、信じられない。インタビューされることほど幸せなことはない。今自分は、宇宙のなかで正しい位置に立っているという気がする。

――お手本にしてきた「師」は？

物書きとしてはオグ・マンディーノが古今を通じて最大の人物だと思う。『チキンスープ』の共著者、ジャック・キャンフィールドはまさに師であり、「メンシュ」と呼ぶべき人だ。メンシュとはユダヤの言葉で、物事をとりまとめる人、本当に人から好かれる、資質のすぐれた人という意味だ。講演家として私を世に出してくれたのはキャベット・ロバートだ。ロバートは全米講演家協会の創立者で、道化師で社会活動家のジグ・ジグラーや私などに営業の方法を伝授してくれた。彼が始めたプロ講演家の業界は、三〇年前には影も形もなかったが、今や年商一一〇〇億ドルを超える規模にまで成長した。

――あなたの最高の営業テクニックは？

「頼む」ことだ。『The Aladdin Factor』という本を書いたことがあるが、これには買ってほしいと「頼む」方法が網羅されている。ふつうは、人に何かを頼むのはいけないことだと教えられる。たとえば子どものころは、知らない人に話しかけてはいけないと教えられる。だが、セールスは知らない人ばかりが相手だ。聖書には「求めよ、さらば与えられん」とあるが、たいていの人は一度頼んでだめだとあきらめてしまう。何度も頼み、もっとうまい頼み方を工夫し、頼むことを楽しめるようになるべきだ。

——そのテクニックの実践例を教えてほしい。

二五年前、講演の仕事を始めたてのころは、まだお金がなくて、おんぼろ自動車一台と穴だらけのスーツしかもっていなかった。講演料もかなり安くしていた。そこで小さな保険会社のオーナーのところへ行き、こう言った。「あなたは販売担当者にもっと稼がせたくありませんか」と。答えはいうまでもなく「イエス」だ。そこで私は「話したいテーマはプロスペクティング（見込み客の発掘）、プレゼンテーション、説得または契約成立テクニック、そして良い習慣の四つです。お宅の社員にはどれが一番必要でしょうか」と尋ねた。私は打ち合わせの日程を決めながら、さらに言った。「一回のセミナーでたった二五ドルですよ」。以来、仕事は軌道に乗り、今では一時間二万ドルの講演料をとっている。

——意欲ある営業マンたちへのアドバイスは？

一番大切なのは、まず同じ分野のすぐれたセールスマンの「いい生徒」になること。

その人のかばん持ちでも何でもやりなさい。それから仕事と生活のスタイルを観察し、学ぶことだ。いい弟子になり、何でも質問し、できるだけ師の近くで仕事をし、彼らが何を、どのようにやっているかを学ぶのだ。

――今のような人生哲学をもつに至ったきっかけは?

きっかけは二つある。ひとつはセミナーだ。誰でも月一回はセミナーに行くべきだと思う。リーダーはセミナーで生まれるからだ。すぐれたセミナーは人を高揚させる。自分は奇跡を起こせると信じ、そのことを公言するようになる。もうひとつは毎日最低一時間はテープを聴くことだ。アメリカ人は毎日、移動に二時間くらいとられている。年間にすると七〇〇時間だ。この時間を、動く教室にすればいい。自分がこうありたい、これならできそうだという目標を達成した人の話を聴くのだ。私はテープを聴いたおかげで、講演、執筆、不動産、ネット通販、インターネットの五つの分野で財産を築くことができた。

第五章

これが最後のチャンス

第五章で取り上げる第五の巻物では、時間との向き合い方を説いている。つまり一瞬一瞬を最大限に楽しめるような、時間に対する正しい心のあり方を教えているのだ。

第五の巻物

時間管理

わたしは今日という日を、あたかも人生最後の日のように生きよう

わたしは今日という日を、あたかも人生最後の日のように生きよう。

それでは、わたしの手元に残されたこの最後の貴い一日を、どのように使えばよいだろうか。[1]**最初にわたしは、ただの一滴も砂の上にこぼれ落ちないよう、人生という入れ物に封印をしよう。**昨日の不運、昨日の敗北、昨日の心の痛みを嘆いて、一瞬たりともムダにしないようにしよう。[2]**悪いもののために、良いものを犠牲にしていいはずがあろうか。**

砂時計の砂は上向きに流れることができるだろうか。太陽が沈んだ場所から昇ったり、昇った場所に沈んだりするだろうか。昨日の過ちをよみがえらせて、その誤

りを正すことができるだろうか。昨日の傷を呼び戻し、元通りに治すことができるだろうか。昨日より若返ることができるだろうか。口にしてしまった悪口、振り下ろしてしまった拳、与えてしまった苦しみを取り消すことができるだろうか。そんなことはできはしない。[2]**昨日は永久に葬り去られたのだから、わたしは二度とそれについて考えないことにしよう。**

わたしは今日という日を、あたかも人生最後の日のように生きよう。

では、その日をどう過ごせばよいのだろうか。わたしは昨日のことを忘れ、明日のことも思わないようにしよう。[3]**どうなるかわからない明日のために、今をないがしろにしてよいものだろうか。**砂時計の明日の砂が、今日の砂より先に落ちることがあるだろうか。今朝の太陽は、二度昇っただろうか。今日の道に立ちながら、明日の行いをなすことができるだろうか。今日の財布に、明日の黄金を入れることができるだろうか。明日の子どもが、今日、生まれ出ることなどあるだろうか。明日の死が後ろ向きに影を落として、今日の喜びを曇らせることなどあるだろうか。決して出合わないかもしれない出来事を、思い煩う必要があるだろうか。決して起こらないかもしれない問題に、心を悩ます必要があるだろうか。そんな必要はない。明日もまた、昨日とともに葬り去られたのだから、わたしは二度とそれについて考えないことにしよう。

わたしは今日という日を、あたかも人生最後の日のように生きよう。

今日という日がわたしのもてるすべてであり、今や時々刻々がわたしにとっての永遠である。わたしは今日の日の出を、死刑を免れた囚人のように、歓喜の声をあげて迎える。④**わたしは両手を広げて、新しい一日という、この貴い贈り物に感謝を捧げる。**そして、昨日の日の出を迎えながら、今日は生きてこの世にいない人々のことを思い、わたしは胸を叩いて感謝するだろう。わたしはたまたま運の良い男であり、今日という時間は受けるに値しない、望外の贈り物にすぎない。⑤**わたしよりはるかにすぐれた人々が亡くなったというのに、どうしてこのわたしが今日という日をもう一日、余分に生きることを許されたのか。**彼らは目的を達したが、わたしはまだ達していないからだろうか。これもまた、わたしが必ずなれると信じている人間に、わたしがなるための機会なのだろうか。そもそも目的などあるのだろうか。これは、わたしが卓越した者となるための一日なのだろうか。

わたしは今日という日を、あたかも人生最後の日のように生きよう。

人生は一度きりであり、人生は時間の積み重ねでしかない。人生と時間のどちらかをムダにすれば、もう一方も破壊される。今日という日をムダに過ごせば、人生の最後の一頁を破壊することになる。だからわたしは、今日という日の、一刻一刻を大事にしよう。なぜなら時間は二度と戻って来ないからである。今日、時間を貯金して、明日引き出すことはできない。それは風をつかまえることができないのと同じである。わたしは今日という日の一分一分を両手でつかみ、愛情をこめて抱きしめよう。なぜならその価値は金では代えられないからである。瀕死の人が、もてる黄金をすべて差し出したとしても、呼吸を一回でも引き延ばすことはできない。これからやってくる時間に、どんな値段がつけられるだろうか。とうてい値段などつけられないのである。

わたしは今日という日を、あたかも人生最後の日のように生きよう。

⑥**わたしは憤りをもって、暇つぶしの原因となるものを避けよう。先送りの癖を、行動することによってうち破ろう。疑いを信頼の下に埋めてしまおう。自信によって恐れを切り捨てよう。**ムダ話の語られる場所では耳をふさごう。仕事を怠けている人々には近づかないようにしよう。暇をもてあましている人々のところへは、訪ねていかないことにしよう。これからのわたしにとって、怠惰に甘んじることは、愛する人々から食べ物や着る物、暖かさを盗むことであると自覚しよう。わたしは盗人ではない。⑦**わたしは愛の人であり、今日という日は、わたしの愛や偉大さを証明する最後の機会なのである。**

わたしは今日という日を、あたかも人生最後の日のように生きよう。

⑧**今日自らに課した義務は、今日中に果たそう。**今日、わたしの子どもたちがまだ

小さいうちに、彼らをいとおしもう。明日になったら、彼らは去っていき、わたしもまた去っていくからである。今日、わたしは、愛する女を優しい接吻とともに抱きしめよう。明日になれば、彼女は去っていき、わたしもまた去っていくからである。今日、わたしは困っている友を励まそう。明日になれば、彼はもはや救いを求めて叫ぶことはなく、わたしも彼の叫びを聞くことはないからである。今日、わたしは自分を犠牲にして仕事をしよう。明日になれば、わたしはもはや与えるべきものをもたず、受け取るべきものもなくなるからである。

わたしは今日という日を、あたかも人生最後の日のように生きよう。

[9]**そして、今日という日が人生最後の一日ならば、それはわたしにとって金字塔となるだろう。わたしは今日という日を、人生最良の日にしよう。**今日、わたしは一分一分を、最後の一滴まで飲み干そう。その味を味わいつくし、感謝を捧げよう。一時間一時間を大切にし、一分一分を価値あるものとのみ交換し、かつてないほど懸命に働き、わたしの筋肉が悲鳴をあげるまで酷使し、それでもあきらめず続けよう。[10]**かつてないほど多くの人を訪ね、かつてないほど多くの商品を売り、かつてないほど多くの黄金を手に入れよう。そして今日という日の一分は、昨日という日の何時間にもまして実り豊かなものになるだろう。**わたしにとって最後のものが、わたしにとって最善のものとならなければいけない。

わたしは今日という日を、あたかも人生最後の日のように生きよう。
そして、それが最後の日でなければ、わたしは跪《ひざまず》いて感謝を捧げよう。

オグ・マンディーノの教え5
これが最後のチャンスだと思え

時間管理に関する書物や講演は枚挙にいとまがない。それらはいかに仕事を整理して効率をあげるか、さまざまな雑用をどうバランスして、できるだけ多くの時間をひねり出すかを教えている。しかしそうしたアドバイスの大部分は、時間を外面的な視点からしか見ていない。ところが第五の巻物は、時間管理のテクニックを教えるだけでなく、時間を内面的な視点から見る方法をも教えている。一瞬一瞬を最大限に楽しめるような、時間に対する正しい心のあり方を教えているのだ。

もともと時間は管理できるものではない。むしろ我々が学ぶべきなのは、時間との関係において、自分をどう管理するかということだ。時間は川の流れのようなものであり、我々はその川に浮かぶ船のようなものである。我々には川の流れを変えることはできない。我々が変えることができるのは、目的地に向けて帆や舵をどう調節するかということだけである。

第五の巻物は、時間への向き合い方を変えることで、過去と現在と未来の違いを冷静に見きわめる目をもたせてくれるのだ。

以下は、そうした「心のあり方」を学ぶためのポイントである。

①不安を追い払う

「最初にわたしは、ただの一滴も砂の上にこぼれ落ちないよう、人生という入れ物に封印をしよう。」

「不安」は、毎日の仕事の能率を低下させてしまう病気である。過去のことを悔やんだり、未来へのことを思い悩んだりしていれば、あなたのエネルギーは奪われ、目の前のことに集中できなくなってしまう。オグ・マンディーノは「一日を密閉容器に入れて生きる」方法についてよく語っていた。マンディーノ自身も、この簡単な方法によって、不安がもたらす有害な影響を防ぐことができたという。

マンディーノはこの方法を、サー・ウィリアム・オスラーがイェール大学で行った講演から思いついたという。サー・ウィリアムはある日、ヨットに乗っているとき、船体にひびが入っても浸水しないよう、船の下半分に密閉処理が施されていることに気づいた。この部分に目張りがしてあるため、船に穴があいても水が入り込まないわけだ。

マンディーノはこの話から、「人生を沈没させない」方法を考えついた。つまり後悔や不安を追い払うことができれば、私たちの夢も沈没しないですむ。心を密閉状態に保てれば、毎日、最大限に能率をあげることができ、より充実した人生を送ることができるのだ。

②過去は気にしない

「悪いもののために、良いものを犠牲にしていいはずがあろうか。昨日は永久に葬り去られたのだから、わたしは二度とそれについて考えないことにしよう。」

自動車を運転するとき、バックミラーは重要な道具である。バックミラーがあるから、進行方向から目を離さずに後方に注意を払うことができる。しかし、目的地に向かうのにバックミラーを頼りにするのはばかげている。バックミラーばかり見て、たまにしか前を見なかったら、道路に出る前に事故を起こしてしまうだろう。

同じことで、過去は大事な道具だが、過去のことばかり気にしていると、めざす目的地に向かって人生を導いていくことはできない。過去のことばかり考えていると、未来が過去以上のものになるとは思えなくなってしまうのだ。

③いつもプラスのシナリオを思い描く

「どうなるかわからない明日のために、今をないがしろにしてよいものだろうか。」

現在の能率を損なうもうひとつの障害は、未来への恐れである。恐怖は後悔と同じくらい、人を無力にさせる。恐怖や後悔にとらわれているその一瞬一瞬が、もっと人生を充実させるために使えたかもしれないのである。

貴重な時間を使って気をもんだことの大半は現実にならないし、心配したからといってどうなるものでもない。希望をもつのも心配するのも、それに費やされるエネルギーは同じだ。どうせ想像力をめぐらすなら、恐ろしいシナリオを思い描くより、好ましいシナリオを思い描いたほうがいい。「前向きに一歩を踏み出し、目標へ近づくぞ」と宣言するより、「今日ただ今、その一歩を踏み出すぞ」と言うほうがいい。そして、その言葉を実行に移しさえすればいいのだ。

④過去や未来より、今日のことを考える

「わたしは両手を広げて、新しい一日という、

この貴い贈り物に感謝を捧げる。」

クリスマスは世界で最も盛大に催されるお祭りのひとつだろう。クリスマスは、プレゼントを贈ったり、贈られたりする日である。ところがそんなクリスマスの日に、過去のクリスマスにもらった古いプレゼントと、未来のクリスマスにもらいたいプレゼントのリストしかもらえなかったらどうだろう。もちろん、物質的な贈り物だけがクリスマスのすべてではない。それでもクリスマスの喜びが、過去にもらったプレゼントや、将来もらうかもしれないプレゼントより、今もらおうとしているプレゼントのほうにあることは確かだ。

あなたの人生の一日一日も、この真新しいプレゼントのようなものである。「新しい一日」というプレゼントをあける喜びを、過去や未来を気にやむことで台なしにしてはいけない。

古代インドのあいさつの言葉にならって、毎日の夜明けを前向きな気持ちで迎えよう。「この日を見よ、なぜなら明日は幻にすぎず、昨日はすでに夢なのだから。今日という日に目をこらせば、明日はことごとく希望の幻となり、昨日はことごとく幸福な夢となる」

⑤人生の目的を見つけ、そのために時間を使う

「わたしよりはるかにすぐれた人々が亡くなったというのに、どうしてこのわたしが今日という日をもう一日、

余分に生きることを許されたのか。」

どんな人も、いつかは人生の目的を見つけ出さなければならない。そして人生の目的がはっきりしたら、今度は日々の時間とエネルギーをその実現に向けて用いなければならない。一日中、目的の達成のために何もしないなどということは許されない。人生の目的は、いつのまにか達成されるようなものではない。目的達成のために働かない日が一日あれば、目標に到達する日もそれだけ遠ざかるのだ。

人生の目的を見つけるには、ともかく内省のための静かな時間をつくること、そして自分を知ることだ。そうすれば人生の目的ははっきりし、それを追い求めれば追い求めるほど、その目的はますます明確になっていくだろう。

⑥無意味な会合に出るのはやめる

「わたしは憤りをもって、暇つぶしの原因となるものを避けよう。先送りの癖を、行動することによってうち破ろう。疑いを信頼の下に埋めてしまおう。自信によって恐れを切り捨てよう。」

マンディーノは「時間のムダ遣い」への対抗手段を示すため、「先送り」と「行動」、「疑い」と「信頼」、「自信」と「恐れ」というように、良いことと悪いことを対照して列挙している。マンディーノが勧める方法をうまく応用するには、まずこの問題が自分の本質とは関係ないことに気づいてほしい。人はともすれば、自分の欠点を生まれつきの性格の一部と思い込みがちだ。「自分は優柔不断な性格だ」「疑り深い性格だ」「臆病な性格だ」……というふうに。そうした欠点を自分の本質と思い込むと、もはや変えることはむずかしくなる。

ところが欠点は外的な力によるものだと思えば、そうした力に対抗することも不可能ではなくなる。先送り、疑い、恐れといったものは、知らぬまに近づいて体にとまる蚊のようなものだ。追い払わなければ刺されてしまう。「時間のムダ遣い」の対抗手段として、行動したり、信頼したり、自信をもったりすることは、あなたの時間をムダにしようとやってくる害虫に向けて殺虫剤を吹きつけるようなものだ。

一日の仕事のしかたを細かく吟味し、大切な資源である時間をムダにしようとする「害虫」を見つけ出そう。たとえば「無意味な会合」「ムダな長電話」「整理整頓の欠如」などといった害虫だ。いずれにせよ、害虫を見つけたらすぐに対抗措置を講じること。そうすれば、あなたの人生にかけがえのない時間がプラスされる。

⑦今日が最後のチャンスだと思う

「わたしは愛の人であり、今日という日は、

わたしの愛や偉大さを証明する最後の機会なのである。」

人生はうつろいやすく、人間はいつも安全を求めている。そして、人生において確実でありながら最も嫌われている保証とは、（誰もが知っているように）人生には終わりがあるということだ。

私たちはときに、この現実に無理やり直面させられる。ショッキングで悲劇的な事件が起こったとき、家族が死んだとき、自らが死に直面したときなどは、人生のはかなさを痛いほど思い知らされる。そんなことがあると、時間の使い方にも慎重になる。人生に終わりがあるということが、逆に一瞬一瞬を大事に生きようという気持ちにさせるのだ。

そういう気持ちになったときのほうが能率が高まり、より多くのことを達成できるようになるとしたら、一生こういう気持ちをもちつづけたほうが賢いのではなかろうか。むろん、死の概念にとりつかれよと言っているのではない。死は避けられないと努めて意識することによって、毎日を最後のチャンスとして――実際、それは最後のチャンスかもしれないのだ――生きるよう、自分を仕向けなさいというのである。

⑧今日の行動計画を明確に立てる

「今日自らに課した義務は、今日中に果たそう。」

時間をムダにしてしまう最大の原因のひとつとは、その日にやるべきことをきちんと把握していないことにある。朝起きた瞬間から明確な行動計画がないと、漫然と時間を過ごしてしまう。そういう日はまた、むなしさと混乱した思いに悩まされることになる。

何をやるべきかを具体的に考えるという単純な作業が、走っている車のハンドルをしっかり握るのと同じくらい大切なのだ。そして、今日めざすべき目標地点に向けてしっかりハンドルを握っていれば、明日の成功への道筋を確かなものにできる。

人生のあらゆる側面において、自分の目標を達成するには何をすべきかを、主体的に選び出し、実行していこう。今の行動が自分をどういう方向へ導いていくかをしっかり見きわめないまま、人生の何年かを漫然と過ごすようなことがあってはいけない。

⑨今日を人生最高の日にする

「そして、今日という日が人生最後の一日ならば、それはわたしにとって金字塔となるだろう。わたしは今日という日を、人生最良の日にしよう。」

私が昔、時間をテーマにして書いた詩をご紹介しよう。

「あまりいたくない場所にいるとき、それは永遠に続くように思われる。そのくせ、やりたいと思ったことをすべてやるには時間が足りない。自分にどれだけの時間が与えられているのかはわからないし、時間を引き延ばしたいと思っても、果たして時間は味方してくれるだろうか。

今が私のすべてである。自分の足跡がどんなものになるか、与えられた時間から何を生み出すかは、私の行動によって決まる。だから私はその『今』を曲げたり整えたりして、人が誤って運命と思い込んでいるものを、与えられた時間が尽きぬうちに作り上げるのだ！」

毎日、今日を昨日より良いものにするよう努力していけば、日々の進歩を可能にする「進歩の習慣」を築くことができる。この習慣がつけば、毎朝、今日が人生最高の日になるという期待をもって目覚めることができるようになる。

⑩毎日、前の日にやらなかったことを、ひとつやる

「かってないほど多くの人を訪ね、かってないほど多くの商品を売り、かってないほど多くの黄金を手に入れよう。そして今日という日の一分は、昨日という日の何時間にもまして実り豊かなものになるだろう。」

何年も前の話だ。私はある先達から、人生のあらゆる面で自分の価値を高めるための、深遠な知識を授かった。「たったひとつのことをやりさえすればいいのだ」と先達は言った。

私はその奥義を何とか授けてもらおうと、「そのたったひとつのこととは何ですか」と、勢い込んで問いかけた。

先達の答えは、当時の私にはばかばかしいものに思えた。しかし歳月を重ねるうちに、いつしか先達の助言のすばらしさがわかってきた。彼はただひと言、こう答えたのだった。「毎日、前の日にやらなかったことを、ひとつやることだ」

万物は成長する。本当に成功を望むなら、自然にあまねく存在する、この成長のパターンを見習えばいい。そして毎日、意識してひとつずつ改善していけば、あなたの価値は日増しに高まっていくはずだ。時間の大切さがわかれば、時間はあなたの忠実な友となり、あなたの望む成功の岸辺へとやさしく運んでいってくれるだろう。

「時間」を開発するためのトレーニング

一日のスケジュール表をつくり、忠実に実行する

営業にも他の仕事と同じく、定期的に行わねばならない一連の作業がある。扱う製品やサービスの種類によって、そうした作業は毎週、あるいは毎日行う必要があるだろう。これらの作業をしかるべき頻度で行うことを習慣にできれば、いちいち「やるべきこと」のリストをつくる必要はない。

以下の練習では、売上アップに直接貢献するような作業を対象にしてみよう。電話、メー

ル、ＦＡＸ、手紙などには、毎日一定の時間をとられているはずだ。勧誘の電話、顧客対応、商品説明（プレゼンテーション）などにも時間が必要だろう。そこで、これらの作業を一日のどの時間帯にどのくらい行うかを決め、一日のスケジュール表をつくってみよう。

スケジュール表ができたら、無理がないかよく吟味しよう。必要に応じて何回か見直しを行ってもいい。自分に合ったものができたら、そのスケジュールを忠実に実行していこう。そして、いちいち見なくてもスケジュールどおり行動できるようにしよう。こうしてスケジュールを守る習慣がつくと、とくに意識しなくても効率よく仕事を片づけていけるようになる。

トム・ホプキンスは著書『Selling for Dummies』のなかで、営業の基本要素を七つ挙げている。ここではこれらの要素を使って練習してみよう。営業マンのスケジュールは、これらの要素をすべて含んでいなければならない。

① 見込み客
どこの誰が、将来あなたの製品・サービスの顧客になりうるかを明確にする。

② 客との面談
見込み客に良い印象を与える。

③ 高価値の見込み客

脈のある客にアプローチしているかを確かめ、その客があなたの製品・サービスをどれだけ必要としているかを見きわめる。

④ プレゼンテーション

見込み客のニーズをつかみ、あなたの製品・サービスがいかにそれに応えるものかを明らかにする。

⑤ 不安に応える

客がプレゼンテーションに対して示した不安や反発に対応する。

⑥ 取引成立

取引成立に必要な作業を行う。

⑦ 紹介

あなたの製品・サービスを必要としている可能性のある人の名前を聞き出す。

あなたの仕事内容はこれとは多少違うかもしれないが、要は売上を達成するのに必要な作業を洗い出すことであり、そしてそれが習慣になるまで繰り返し実行すればいいのだ。

最強のセールスマンへのインタビュー

トム・ホプキンス Tom Hopkins　世界を代表するセールス・トレーナー

トム・ホプキンスはより良い生活を夢見てセールスの道に入ったが、それは最悪の時代の幕開けだった。半年のあいだ月収四二ドルという状態が続き、借金はかさみ、絶望のどん底に突き落とされた。しかし、なけなしの数ドルをはたいて受講した、五日間のセールス・トレーニング・プログラムが人生の転機となった。それからの半年でホプキンスは一軒二万五〇〇〇ドルの住宅を売りまくり、合計一〇〇万ドル以上を売り上げたのだった。

二一歳で名誉あるロサンゼルス・セールス＆マーケティング協会のサミー賞を受賞し、現在に至るまで不滅の金字塔となっている販売記録をうち立てた。一九七四年以降は、毎月一万人もの営業マンを教育し、世界を代表するセールス・トレーナーの地位を不動のものにした。

商品のプラスとマイナスをはっきりさせる

――営業の世界に入ったきっかけは？

父も営業マンだったし、学歴や経験がなくてもやれるから。

――これまでの人生で一番むずかしかったことは？

仕事と家庭のバランスをとることだ。

――自分の最大の業績はなんだと思うか？

多くの人を教える機会にめぐまれ、本人や家族がより良い暮らしを送れるよう指導できたことだ。

——お手本にしてきた「師」は？

J・ダグラス・エドワーズ、アール・ナイチンゲール、そしてジグ・ジグラーだ。

——あなたの最高の営業テクニックは？

昔ながらのフランクリン式功罪表（その決断を下すべき理由と反対すべき理由を書き出す意思決定法）だ。答えが見つからないといって、決断を先送りする人が多いが、この方法なら、プラス・マイナスをはっきりさせることができる。

——そのテクニックの実践例を教えてほしい。

フランクリン式の応用例を、私の本『Selling for Dummies』から引用しよう。以下は不動産屋でのケビン・スミスと妻カレン、そして私の会話だ。

私「お宅には三番街の家がいちばんかな？」

ケビン「うーん、マイホームは大きな買い物だからね」（私はこの時点までいろいろ質問をしていたから、その点を解決すれば取引成立に導けると思った。夫婦は明らかに決断を渋っていた。家は気に入った。引越しを迫られている事情がある。値段も折り合っている。けれどその家に決めることはできない……これは客がよく示す行動である。こんなときこそ、フランクリン式功罪表の出番だ）

私「ひょっとして、条件を洗い出して比較対照を行っていない点が問題なんじゃないかな」

ケビン「そうだね。問題の核心がはっきりしてない気がする」
私「いろいろな条件を考慮すれば、それだけいい決断ができるものだよ」
カレン「私もそう思うわ」
私「どうだろう、あなたたちの決断を左右する条件をはっきりさせるために、この方法を使ってみないか。どうせ決断するなら正しい決断をしたいし、間違った決断は極力避けるべきだとフランクリンも言っている。我々も同じように分析して、その『問題の核心』とやらをはっきりさせてみようじゃないか」
ケビン&カレン「オーケー、やってみよう」
私「よし、じゃあこの家に決めることを支持する理由をこっちに、却下する理由を反対側に書き出してみよう。そして理由の数を合計すれば、どちらが正しいかがはっきりする。時間はあるね、なに、数分もあればできる」
ケビン「わかった」（家を見に行ったとき、彼らが気に入った点はすべてメモしてあったから、この家の長所はいくらでも言えた。二人が思い出せなければ、私が足りないところを補えばいい）
私「それじゃあ、この家に決めたほうがいい理由から始めよう。この家の間取りは二人の希望にすべて一致していたね」
カレン「そのとおりよ」

私「いい条件で融資が受けられれば、今の家より月々のローン返済負担が軽くなるんだったね」
ケビン&カレン「そのとおり」
私「小学校の近くがいいと言っていたが、この家なら小学校が三ブロック先にある。これも得点になるね」
ケビン&カレン「もちろん」
私「裏庭の造園はプロがやっているだけあって、すごいと感心していたね」
カレン「そうね、子どもたちも思う存分遊べるわ」
私「じゃ、こちら側に書くよ。家の外観はどうかな。最初に車で行ったとき、カレンはかなり興奮していたね」
カレン「ほんとにすてきな家よね」
私「おや、もう五項目になっちゃった。ほかに何かあるかな」
ケビン「改修したばかりのキッチンの設備も気に入ったよ」
私「オーケー、それも書いとこう」
ケビン「敷地内に大きな木が何本もあるのも気に入った」
私「よし、それも書こう」
カレン「そうそう、浴室の埋め込み式のバスタブも私たちのお気に入りよ」

私「もうほかにないかな。じゃあ、この家に決断しないほうがいい理由は？」
ケビン「そうだね、頭金のことが心配かな。貯金をすべてはたくことになるからね」
私「わかった。ほかには？」
ケビン「太陽熱暖房のある家が良かったんだけどね」
私「この二点はとても大事なことだ。ほかにはないかな」（沈黙があり、二人がもう不安な点を思いつかないことは明らかだった）
私「オーケー、じゃあ項目の数を合計してみよう。どうやら答えは明らかなようだね」

——意欲ある営業マンたちへのアドバイスは？
私がこの道に入った当時と比べて、今はいい本やテープがたくさんあるし、いいトレーナーもたくさんいる。ひとりで試行錯誤していてはいけない。

第六章

怖いことをあえてやる

第六章で取り上げる第六の巻物では、見込み客の感情を正しく見抜き、自分の感情をも理解できるように私たちを導いてくれる。人と接することの多い営業の仕事で成功するには、人間性の本質を理解しなければならないからだ。

第六の巻物

感情のコントロール

今日わたしは感情の主人となろう

今日わたしは、わたしの感情の主人となろう。

潮の流れは寄せては返す。冬が去れば春がやってくる。夏が終わりに近づけば、寒さが増してくる。日は昇り、日は沈む。月は満ち、月は欠ける。鳥は渡り、また去っていく。花は咲き、枯れていく。種は蒔かれ、実は刈り取られる。①**自然はすべて気まぐれであり、わたしもまた自然の一部である。だからわたしの気分は、潮の満ち干のように浮いたり沈んだりを繰り返す。**

今日わたしは、わたしの感情の主人となろう。

②**これもまた、人知の及ばない自然のいたずらのひとつなのだが、毎朝、わたしが**

目覚めるときの気分は、昨日とは違うものになっている。昨日の喜びが今日は悲しみに変わるかと思えば、今日の悲しみが明日は喜びに変わることもある。わたしの中には一個の輪があって、悲しみから喜びへ、歓喜から失望へ、幸福から絶望へと、ぐるぐると回転しているのである。花のように、今日の満開の喜びは色あせ、がっくりとしおれていく。それでもわたしは、今日枯れた花が明日の種を宿すように、今日の悲しみが明日の喜びの種を宿していることを忘れないようにしよう。

今日わたしは、わたしの感情の主人となろう。

では、毎日が実り豊かなものになるよう、こうした感情を支配するにはどうすればよいのだろう。なぜなら、わたしの気分が良くなければ、その日は失敗に終わってしまうからである。木や草が繁茂するかどうかは天気にかかっているが、わたしは自分自身で天候をつくり出し、しかもその天候を行く先々に運んでいく。わたしが雨と、憂鬱と、闇と、悲観主義とをもって客に接すれば、彼らもまた、雨と、憂鬱と、闇と、悲観主義とをもって応じ、何も買おうとはしないだろう。しかし、③**わたしが喜びと、情熱と、明るさと、笑いとをもって客に接すれば、わたしは、売上という名の収穫と、黄金という名の穀倉とを手に入れることができるだろう。**

今日わたしは、わたしの感情の主人となろう。

それでは、毎日を幸福で実り豊かなものにするために、わたしはどうやって自らの感情を支配すればよいのだろうか。わたしは、昔ながらのこの秘伝を学ぶことにしよう。すなわち、④**思いによって行動を操ろうとする者は弱く、あえて行動によって思いを操ろうとする者は強いということである。**わたしは毎朝、目覚めるたびに、悲しみや自己憐憫の力にとらえられ、失敗がわたしをがんじがらめにする前に、こんな作戦を立てることにしよう。

気分が落ち込んだら、わたしは歌おう。

悲しくなったら、わたしは笑おう。

気分が悪かったら、いつもの倍、仕事をしよう。

恐怖を感じたら、前のめりに突っ込んでいこう。

劣等感を感じたら、新しい服を着よう。

不安を感じたら、大きな声を出そう。

貧しさを感じたら、これから手に入るだろう富を思おう。

自分の無能さを感じたら、過去に成功したときのことを思い出そう。

自分をちっぽけなものに感じたら、わたしの目標を思い出そう。

今日わたしは、わたしの感情の主人となろう。

これからのわたしは、いつも最高の力を発揮できるのは能力の劣った者だけであることを思おう。そして、わたしは能力の劣った者ではないのである。⑤**わたしを破**

滅させようとする力に対して、休みなく戦わなければならない日々もあるだろう。そうした力の中でも[6]**失望や悲しみはたやすく見分けられるが、それ以外にも、笑顔を浮かべ、友だちのふりをして近づいてくるものもあるだろう。それらもまた、わたしを破滅させようとするかもしれない。**だから、そうした力に対するときも、わたしは自分を失ってはならないのである。


自信過剰になったら、失敗したときのことを思い出そう。

自分に甘くなったら、かつて餓えていたときのことを思い出そう。

自己満足に陥りそうになったら、競争相手のことを思い出そう。

自分の偉大さを感じたときは、屈辱を味わったときのことを思い出そう。

自分には何でもできると思えたら、自分には風を止める力さえないことを思い出そう。

大いなる富を手にしたら、飢えた人のことを思い出そう。

尊大になりすぎたら、自分が無力だったときのことを思い出そう。

自分には誰よりも能力があると思えたら、星空を見上げよう。

今日わたしは、わたしの感情の主人となろう。

そして、この新しい知識をもって、これから訪ねようとしている客の気分を理解し、見きわめていこう。[7]**今日、彼が抱いている怒りや苛立ちを受け入れよう。彼は**

自分の思いを操る秘密を、まだ知らないのだから。彼[8]が攻撃し、ののしっても、わたしは耐えることができる。今のわたしは、明日になれば彼も変わり、機嫌よく迎えてくれるかもしれないと知っているからである。

わ[9]たしはもはや、一度会っただけで、その人を判断したりはしない。今日、憎しみをぶつけてきた相手を、明日はもう、訪ねるのをやめようなどと思ったりはしない。今日の彼は、黄金の戦車がたった一ペニーでも買おうとしないだろう。しかし明日になれば、たった一本の木と自分の家とを交換するかもしれない。この秘密を知っていることが、わたしが大いなる富を得るカギになるだろう。

今日わたしは、わたしの感情の主人となろう。

これからのわたしは、全人類にも、わたし自身にもある「気分」というものの神秘を見分け、理解していこう。わたしは今この瞬間から、日々、わたしの中にどのような人格が現れようとも、それを抑えていくつもりである。**わ[10]たしは前向きな行動によって、わたしの感情を操っていこう。わたしが自らの感情の主人になれたとき、自分自身の運命をも従えることになるだろう。**

今日、わたしは運命を操る。わたしの運命とは、地上最強の商人になることだ。

わたしは、わたし自身の主人となろう。

わたしは、大いなる者になろう。

オグ・マンディーノの教え6

怖いことをあえてやれ

営業では、人とじかに接することが多い。したがって、成功するには人間性の本質を理解しなければならない。なかでも最も理解がむずかしいのは、人間の「感情」だろう。

感情は外からの刺激によっても、また内面的な理由からも起こる。だから見込み客の感情を正確に見抜くのは容易でない。人間関係を築くためには、相手の感情を理解するだけでなく、自分自身の感情も理解できなければならない。

「第六の巻物」は、そうした感情の仕組みをよりよく理解できるよう、私たちを導いてくれる。この巻物を読めば「さまざまな感情を引き起こす誘因」がわかり、ひいては相手の感情をコントロールし、自分自身と相手とのあいだに有害な感情が生じるのを防ぐことができる。

①逆境の中のチャンスを見つける

「自然はすべて気まぐれであり、わたしもまた自然の一部である。だからわたしの気分は、潮の満ち干のように浮いたり沈んだりを繰り返す。」

私たちはこれほど自然を観察しているにもかかわらず、自然が私たちにどんな影響を及ぼすかについては、驚くほど理解していない。物質の最小の単位である原子を見てもわかるように、自然にはプラスとマイナスの両面がある。同じように、私たちのまわりには、いつもプラスの力、マイナスの力が存在し、私たちはそれによって、風に舞う木の葉のようにつき動かされている。けれど私たちのなかには、そうしたプラス・マイナスの力を木の葉のように操る力も与えられているのだ。

いかなる逆境だろうと、その裏にはそれに匹敵する利益の種子が隠されている。そうした隠れた利益を見通すことができれば、あなたの気分が上り坂だろうが下り坂だろうが、感情的に安定していられる。第二の巻物に記されているとおり、「行く手を照らしてくれる光を愛するとともに、星々を浮き立たせてくれる闇をも愛そう」という気持ちになれるのである。

②気分をコントロールする

「これもまた、人知の及ばない自然のいたずらのひとつなのだが、毎朝、わたしが目覚めるときの気分は、昨日とは違うものになっている。」

悲しみが深ければ深いほど、喜びを感じる力は大きくなるといわれる。人の気分は虹の七色のようなものだ。それぞれの色がそれぞれの感動を呼び起こすように、さまざまな気分を経験することで、人生はまたひとつ、味わいを深めるのである。

いつも同じ気分だったら、人生はさぞ味気ないものになるだろう。そして毎日のように気分が変化するからこそ、それをコントロールすることを学ばなければならない。いずれにしても、人生はローラーコースターのようなものである。あなたが自分の気分をどこまでコントロールできるか、あるいはできないかで、人生は恐怖の連続にもなれば、わくわくするような冒険にもなるのだ。

③プラスの感情で人に会う

「わたしが喜びと、情熱と、明るさと、笑いとをもって客に接すれば、わたしは、売上という名の収穫と、黄金という名の穀倉とを手に入れることができるだろう。」

マイナスの感情を引きずったまま人に会ってはいけない。それは悪臭をただよわせて人に会うようなもので、相手は気分を害し、二度とあなたと取引したくなくなる。だから自分のなかのマイナスの感情は、プラスの感情というシャワーで洗い流してしまうことだ。

セールスをしていると、商談が成立しそうもない、いやな雰囲気のなかに足を踏み入れてしまうこともある。たとえば仕事がうまくいっていなかったり、個人的な不幸があったりして、客の気分が落ち込んでいるような場合だ。そんなときはその場の雰囲気にのまれてしまい、何の効果もなしにすごすごと帰ってくることもあるだろう。だが、あなたの感情をコントロールすることによって、その場の雰囲気を変えることは可能だ。だから、まず自分の感情を変えるよう試みてみよう。

④これから会う客が購買意欲にあふれていると思い込む

「思いによって行動を操ろうとする者は弱く、あえて行動によって思いを操ろうとする者は強いということである。」

人が思考と感情によって行動するということは、昔から知られている。ところが、そうして生み出された行動が何の成果をもたらさなくても、相変わらず同じような思考と感情に従って行動しつづける人がいる。思考とは夢のようなものだ。何かを夢見たからといって、それが実現するとはかぎらない。だからどんな夢を追求するかを選ぶのと同じように、どの思考に基づいて行動するかも決めるべきなのだ。

また逆に、行動によって思考を生み出すようにすれば、心の動きをよりよくコントロールでき、思考と行動を目標達成のために役立てられるようになる。たとえばセールスマンは購買欲のある客に会うことを望むが、これから会いにいく客が、あたかも購買欲にあふれた客であるかのように行動してみよう。そしてあなたの態度の変化によって、セールスの結果にどんな変化が起こるかを見てみるといい。

⑤怖いことをあえてやってみる

「わたしを破滅させようとする力に対して、休みなく戦わなければならない日々もあるだろう。」

子どもが自転車に乗る練習をしているところを見ていると、きわめて単純だが大きな原理が働いていることがわかる。子どもは最初は傾いてふらふらし、ついにはバランスを失って転倒してしまう。補助輪がついていれば倒れることはないが、傾いてしまう点は同じだ。それでもやがてバランスをとれるようになり、補助輪が地面につかなくても乗れるようになる。

人間の気分の浮き沈みも、おおむね似たような仕組みである。気分が一方に傾きすぎると心が動転してつらい思いをする。そうした気分の落ち込みに対抗し、精神のバランスをとるための簡単な方法はいろいろとある。たとえば悲しみにうちのめされたときは、コメディを見たり、人を笑わせたりするようなことをしてみるといい。

恐怖心にかられたときは、怖いと思ったことをあえてやってみると、恐怖心を克服することができる。つまり感情を反対側に傾斜させ、バランスをとるようなことをやってみるのだ。

⑥成功したら、自分よりめぐまれない人に会う

「失望や悲しみはたやすく見分けられるが、それ以外にも、笑顔を浮かべ、友だちのふりをして近づいてくるものもあるだろう。それらもまた、わたしを破滅させようとするかもしれない。」

精神のバランスを崩すというと、ふつうは気分の落ち込みを指す。鬱病治療の広告がこれほど多いのはそのためである。しかし極端な躁状態もまた有害であり、ときには鬱より始末が悪いことさえある。躁状態は発見が遅れ、治療されないことが多いからだ。

病的に自己中心的な人、あるいは異常に権力に執着する人などは、躁鬱病や極度の自信喪失に苦しむ人と同じくらい、精神のバランスを欠いているといっていい。ここで躁状態への対処法をいくつか記しておこう。何かで成功をおさめたら、意識的に自分よりめぐまれない人々に会いにいくといい。お気に入りのレストランで食事をしたり、休暇をとったりしたときも、つらかった時代を思い出し、自分の幸運を感謝しよう。向かうところ敵なしのような気分になったときは、遺言書があればそれを見返してみよう。遺言書がない場合はあらためて書いてみよう。人生がいかにはかないものかがわかるはずだ。

⑦いらいらする相手にいちいち反応しない

「今日、彼が抱いている怒りや苛立ちを受け入れよう。彼は自分の思いを操る秘密を、まだ知らないのだから。」

あなたが感情をコントロールできるようになっても、まわりの人が同じようにできるとはかぎらない。客のなかには感情をコントロールできない人もいることを心得ていれば、相手の感情の浮き沈みにも寛大になれる。気まぐれでいらいらしやすい相手にいちいち反発していたら、忍耐力がすりきれてかんしゃくが爆発し、まとまるはずの商談もまとまらなくなる。反感をもつのでなく、相手のことを理解し、忍耐強く接し、お互いの間にプラスの感情を生み出すことによって緊張をやわらげていこう。

⑧拒否されてもムキにならない

「彼が攻撃し、ののしっても、わたしは耐えることができる。今のわたしは、明日になれば彼も変わり、機嫌よく迎えてくれるかもしれないと知っているからである。」

客の拒絶に腹を立てるのは不安の現れである。だから、売り込みを拒否されてもムキになってはいけない。相手が拒絶したのはあなたの売り込みであって、あなたという人間を否定したわけではないのだ。

相手の反論にできるかぎり解決法を提示しても、なお相手が断るというのなら、むしろ好印象を残して別れることを考えたほうがいい。あとで客のほうに興味がわくかもしれないし、いい印象を与えておけば、のちのち商談がまとまることもありうる。

客の拒絶への免疫をつくるには、「行動《アクション》には反応《リアクション》がつきもの」ということを覚えておくといい。自分にとって望ましくない反応《リアクション》が返ってきたら、別の行動《アクション》を起こしてみると、望みどおりの反応《リアクション》が返ってくる可能性がある。断られて傷つくのは、自分の努力が報われなかったと考えるからだ。だが努力の目標を、相手に何らかの「反応《リアクション》」を起こすという単純な目標に置ければ、そもそも失敗などありえなくなる。

⑨反応が悪かったら、もう一度売り込もう

「わたしはもはや、一度会っただけで、その人を判断したりはしない。
今日、憎しみをぶつけてきた相手を、
明日はもう、訪ねるのをやめようなどと思ったりはしない。」

今のあなたは、五年前のあなたとも、五日前のあなたとも、あるいは五分前のあなたとも違う。時の流れは人を肉体的、精神的、そして感情的に変えつづける。確かに「第一印象」は強烈だが、それとて岩のように不動のものとはかぎらない。

今日は悪いことばかり想像する悲観主義者だった見込み客を、明日は金離れのいいありがたいお客さんに変える要素はいくらでも考えられる。健康そのものの若いエリートが相手なら、生命保険の契約はなかなかとれないだろう。だが今晩、このエリートビジネスマンの家族に不幸があり、明日にはもう、生命保険の価値を見直すことだってあるかもしれない。一度反応が悪かったからといって、その客を再訪することを恐れてはいけない。

⑩気分をコントロールする練習をする

「わたしは前向きな行動によって、わたしの感情を操っていこう。わたしが自らの感情の主人になれたとき、自分自身の運命をも従えることになるだろう。」

人生は出たとこ勝負ではすまない。ある人を幸福にし、ある人を不幸にするのは運命の力ではない。どんなときも、あなたには人生の結果を左右できる能力がそなわっている。まして感情をコントロールする知識を身につければ、劇的に生産性を高められるだろう。

自らの感情をしっかり支配できるようになるためには、たえず練習を重ね、能力を磨いていかなければならない。自らの感情をコントロールし、他人にプラスの感情を呼び起こす練習をしよう。第六の巻物と、本章の記述から学んだ感情コントロールのテクニックを実践してみよう。これらの方法を家庭、仕事、あるいは遊びの時間にも応用して、あなたの日常の一部として定着させていこう。

感情をコントロールするためのトレーニング

自分の欠点は、ひとつずつ狙い撃つ

以下は、感情をコントロールする力をつけるための簡単な練習である。そもそもはベンジャミン・フランクリンが、自分の性格を直すために考案したものである。アメリカ建国の父のひとりに数えられるフランクリンは、公人としてさまざまな場所に顔を出すことが多かった。フランクリンはかんしゃくもちで無愛想な自分の性格が、ときに人間関係に摩擦をもたらしていることに気づいていた。そこで賢明な彼は、自分の欠点を直すための手軽でしかも科学的な方法を考案したのである。

フランクリンはまず、学生時代に道徳的美徳として教えられたものをリストアップした。そのなかには「節度、寡黙、秩序、意志の強さ、質素、勤勉、誠実、公正、温和、清潔、平静、貞節、謙遜」などが含まれていた。彼はこれらの徳目を、自分自身の性格のなかに取り

入れようと決意した。だが、実際にやってみると、これが非常にむずかしい。ある欠点を直そうとすると、別の欠点が思いがけなく現れてくるといった調子だ。

そこでフランクリンは、さまざまな欠点をいっぺんに直そうとするのではなく、ひとつずつ狙い撃ちしていくことにした。完全無欠な人間になるより、個々の徳目をしっかり身につけることに重点を置くことにしたのだ。

まず小冊子を用意し、ひとつの徳目ごとに一ページをあて、各ページを曜日ごとに縦に七等分した。左端には先の一三の徳目を並べ、横線で仕切った。さらに上端にその週に重点的に取り組む徳目を書く。こうして各曜日ごとに、うまく実現できなかった徳目の欄にしるしをつけていく。目標は、その週の重点徳目の欄にしるしがつかないようにすることである。こうすれば自分の心の動きに敏感になれるし、望ましくない行動を集中的に取り除いていける。

本章では、このフランクリン方式を使って練習してみよう。まず、直したいと思う自分の欠点をリストアップし、その週に重点的に取り組む欠点を決める。それ以外の欠点についても、うまく直せなかった場合は記録しておこう。毎週、違う欠点に取り組み、リストアップした欠点がすべて矯正されるまで続ける。リストの最後まで行ったら、同じことをもう一度繰り返そう。もちろん、新たな欠点をリストに加えてもいい。

おもしろいことに、自分の感情をコントロールできるようになると、他人の感情までコントロールできるようになる。なぜなら、他人に特定の感情を起こさせたいときは、それと同じ感情をこちらから示してあげればいいからだ。たとえば相手の満足感を高めたいと思ったら、あなた自身が満足感を態度で示せばいいのだ。

最強のセールスマンへのインタビュー

チャールズ・ジョーンズ Charles Jones

出版者／モチベーター／ユーモア作家

チャールズ・ジョーンズは六歳でセールスの世界に入った。当時は「リバティー」と「コリアーズ」という二種類の雑誌を販売して数々の賞を受けたあと、八歳にしてクールエイド（粉末清涼飲料）とアイスクリームを売る商売を始めた。二二歳で保険業界に入り、全米で一〇指に入る大企業を顧客とした。二三歳で所属する保険会社の最優秀社員に選ばれ、入社一〇年目には採用・社員教育・経営管理における業績に対して社内の最高経営賞を受賞した。そして三七歳のとき、それまでの経験をセミナーやコンサルティングをとおして広めるため、ライフ・マネジメント・サービシズ社を創業した。以来、アメリカ、カナダ、メキシコ、オーストラリア、ニュージーランド、ヨーロッパ、アジアで何千人もの聴衆を爆笑の渦に巻き込みつつ、仕事や家庭の悩みを乗り越える方法を伝授してきた。

他人のアドバイスを聞くな。商売の基本を学び、繰り返し練習せよ

――営業の世界に入ったきっかけは？

七歳のとき、通行人を呼び止めてヨーデルを聞かせる商売を始めた。みんなヨーデルはいいと言って二セントくれた。その後、五セントで雑誌を売って一ペンスの手数料をとる商売を始めた。次にサタデーイブニング・ポスト紙を一〇セントで売り、二

セントの手数料をとるようになった。一二歳になるとアイスキャンデーの商売を始めた。アイスキャンデーを一個四セントで大量に仕入れ、一〇セントで売り、一日二、三ドルという、当時としてはかなりの額を稼ぐようになった。一〇代のころはファッションに興味があり、デパートで衣料品を売りはじめたが、とても楽しかった。仕事は非常にうまくいったが、別のデパートに勤める女性の夫が私のうわさを聞きつけ、訪ねてきて保険の外交をやらないかと誘った。最初は興味がなかったが、その人が商売の方法を教えてくれるし、今と同等の収入を保証するという。調べてみると、保険はひとつの契約で今の収入の三倍も稼げることがわかった。「ちょっと信じられない」と思ったが、結局は保険業界に入った。外交員としては成功しなかったが、人材集めに実績をあげた。そして保険という仕事のすばらしさを訴えているうちに、人を説得するだけでなく、自分自身もこの業界に居残ることになった。

――これまでの人生で一番むずかしかったことは?

わたしは一九二〇年代の生まれで、一二歳のときに両親が離婚して母が家を出て行った。貧乏だったし、本当の家庭の味を知らなかったので、一五歳で家出し、学校もやめてしまった。自分にとって最大の難問は、自分がきちんとした教育を受けていないということに対する強迫観念だったと思う。

――自分の最大の業績はなんだと思うか?

イエス・キリストに出会い、人生が一変し、大いなる読書家に変身したこと。

——お手本にしてきた「師」は？

六歳のとき一生のお手本になる人物のひとりに出会った。ジョージ・モワリーという、日曜学校の先生だった。二一歳の靴のセールスマンで、いつも新車に乗っていた。いろいろなところに連れていってくれ、釣りや水泳に行ったり、自宅に招いてくれたりした。聖書の一節を覚えるごとに五セントくれた。私は人生の大半をジョージにあこがれて過ごしてきた。いつもジョージと同じように子どもたちの指導者でありたいと願っている。保険のセールスマンになってからは、ジム・ルディシルが重要な手本だった。ジムは商工会議所の会頭で、クリスチャン・ビジネス協会の会長でもあった。ジムはスピーチが上手だったが、それにもまして重要だったのは信仰者だったことだ。あれほど信仰があって、しかも社会的成功をおさめ、地域住民からも尊敬される人がいるとは想像もしていなかった。

——あなたの最高の営業テクニックは？

まずはアプローチを上手にすること。次に、誰もが感じている普遍的な問題を取り上げたあと、具体的な問題に入り、最後にその問題への答えを出すという手順をとることだ。契約成立には、何らかの形で見込み客の警戒をとかせるモチベーションが必要だ。そのうえで、客が「イエス」と答えるチャンスを少なくとも六回は与えること。

セールスにおいては戦略も大事だが、実際に売上を実現するには、客のニーズと商品とを結びつける「ストーリー」が必要だ。

――そのテクニックの実践例を教えてほしい。

保険業界では、よく「二人の父さん」の話をした。つまり父さんには「ようす見」タイプの父さんと、「実質第一」タイプの父さんとがいる。「ようす見」タイプの父さんは、「自分がここにいるかぎり、子どもたちの必要なものがすべてそろっているかを監視しよう」と言うが、「実質第一」タイプの父さんは、「自分がそばにいようといまいと、自分があげられるものはすべて、子どもたちに与えておこう。だから保険にたくさん入ろう」と言う。

長年のあいだに、多くの人がこの単純なストーリーによって保険に加入してくれた。

――意欲ある営業マンたちへのアドバイスは?

現役だった当時から、私のもとにはたくさんのセールスマンが相談にやってきた。そのときの経験から、アドバイスには「いいアドバイス」と「貴重なアドバイス」の二種類があると感じている。いいアドバイスは役に立つが、貴重なアドバイスはもっと役に立つ。私の貴重なアドバイスとは、「他人のアドバイスを聞くな、商売の基本を学び、繰り返し練習せよ」ということだ。自分の商売について知り、いろいろな状況に対して心の準備をしておけば、成功に必要な自信が生まれてくる。商売についての知識は頭のなかだけの問題だが、試練にあってもあきらめないための「心の知識」を得るには、偉人の伝記を読んで、彼らがいかに多くの試練を乗り越えて成功にたどり着いたかを学ぶといい。

——今のような人生哲学をもつに至ったきっかけは?

二二歳までの前半生は、今と正反対で、俗っぽくていやらしい人間だった。当時の私の人生哲学は、「やられる前にやれ」だった。だがその後、この世には二つの世界があることを知った。自分は、自制心があって誠実で思いやりがあり、人に奉仕するような人々の世界に属したいと思った。そして夫となり父となった。そんなある日、古い友人が語るイエス・キリストの話を聞いて、私の人生は一変した。友人は決して理屈でねじ伏せようとせず、聖書の言葉を示して、その意味を私に尋ねた。そうすることで神の私への深い愛に気づかせてくれ、それが私の人生を変えたのだ。

第七章

失敗を笑い飛ばせ

第七章で取り上げる第七の巻物では、ユーモアのセンスの磨き方を教えている。営業という仕事では、ユーモアのセンスは猛獣使いにとっての鞭と同じくらい大切なものなのだ。

第七の巻物 笑い

わたしは世界を笑い飛ばそう

わたしは世界を笑い飛ばそう。生き物のなかで、笑うことのできるのは人間だけである。木は傷つけられれば血を流し、野の獣は苦痛や餓えに鳴き声をあげる。しかし、笑いという賜物を与えられているのはわたしだけであり、わたしは望めばいつでも、それを用いることができる。わたしはこれから、笑う習慣を養っていこう。

わたしは微笑むことで消化を良くし、忍び笑いをして重荷を軽くし、笑い声をあげて寿命を延ばそう。なぜなら笑いは長寿の最大の秘訣であり、それが今、わたしのものになったからである。①

わたしは世界を笑い飛ばそう。そして**何よりも、自分自身を笑い飛ばそう。なぜ**②

なら自分のことを深刻に悩んでいる人間ほど、滑稽なものはないからである。わたしは決して、そうした心の罠に陥ったりはしない。わたしは自然における最も偉大な奇跡であるが、それでもなお、時間という風に向かって放りあげられた、一粒の穀粒にすぎないのではないだろうか。わたしは自分がいずこより来たりて、いずこへ向かうのかを本当に知っているだろうか。わたしが今日、悩んでいることも、一〇年後にはばかげたものに見えるのではないだろうか。それなのに[3]**なぜ、わたしは今日のつまらぬ出来事に心を煩わせるのだろうか。この太陽が沈む前に、何千年もの時の流れに比べてもささいとは思えない、いったい何が起きるというのだろうか。**

　わたしは世界を笑い飛ばそう。だが涙がこぼれ、呪いの言葉が口をついて出るほど不愉快な人や行為に出会ったとき、どうしてそれを笑い飛ばすことができるだろうか。[4]**だからわたしは、ある言葉を唱える練習をしよう。それをしっかりと習慣づけて、自分の中から爽快な気分が消えそうになったとき、すぐにその言葉が心に思い浮かぶようにしておこう。**先人から語り伝えられたこの言葉は、いかなる逆境をも乗り越えさせ、わたしの人生を平安に保ってくれるだろう。その言葉とは、「これもまた、いつかは過ぎ去る」という言葉である。

　わたしは世界を笑い飛ばそう。この世のものはすべて、いつかは過ぎ去るからである。重い心をかかえているとき、わたしは「これもまた、いつかは過ぎ去る」と言って自分を慰めよう。成功に浮かれているときも、「これもまた、いつかは過ぎ去る」と言って自分を戒めよう。貧しさにあえぐときも、「これもまた、いつかは過ぎ去る」と自分に言い聞かせよう。大いなる富を手にしたときも、「これもまた、いつかは過ぎ去る」と自分に言い聞かせよう。まことに、ピラミッドを建設した人はどこに行っただろうか。彼はその石の中に埋葬されたのではないだろうか。そしてそのピラミッドも、いつの日か砂の下に埋もれていくのではないだろうか。すべてのものが過ぎ去るとしたら、どうして今日のことを思い煩う必要があるだろうか。

　わたしは世界を笑い飛ばそう。わたしは今日という日を笑いで塗りこめてしまおう。この闇夜を歌で縁どろう。**喜[5]びを得ようとして、あくせくするのはやめよう。むしろ、悲しんでいる暇もないほど忙しくしていよう。**今日の喜びは、今日のうちに楽しもう。喜びは、穀物のように箱にしまっておくことも、ぶどう酒のようにかめに入れておくこともできない。喜びを、明日のために貯えておくことはできない。その日のうちに蒔き、その日のうちに刈り取らなければならない。だからわたしも、これからはそのようにしよう。

　わたしは世界を笑い飛ばそう。**そ[6]してわたしの笑いによって、すべてのものは本来の大きさに戻るだろう。**自分の失敗を笑い飛ばせば、それは新しい夢という雲の中に消えていくだろう。自分の成功を笑い飛ばせば、それは本来あるべき価値まで小さくなるだろう。悪を笑い飛ばせば、それは不安にかられて死んでしまうだろう。善を笑い飛ばせば、善は栄えてほうぼうに広がるだろう。[7]**わたしの笑顔が人の笑顔を引き出してこそ、その日その日が成功に終わる。しかもわたしは、自分のためにそうするのだ。わたしが顔をしかめていれば、相手はわたしの商品を買わないからである。**

わたしは世界を笑い飛ばそう。これからは、涙に似たものは、汗しか流さないことにしよう。[8]**悲しみや後悔や失望の涙は市場では何の価値ももたないが、笑顔は黄金と交換することができ、心からの親切な言葉は城さえ築くことができるからである。**

自分と自分の住む世界を笑い飛ばすことを忘れるほど、偉く、賢く、威厳と力にあふれた人間などには、決してなりたくない。その意味では、[9]**わたしはいつまでも子どもでいたい。なぜなら、子どもでいるからこそ人を仰ぎ見ることができるからである。**

わたしは世界を笑い飛ばそう。そして笑うことができるかぎり、わたしは決して貧乏にはならない。つまり笑いは自然の偉大な贈り物のひとつなのであり、わたしは決してそれをムダにはしない。笑いと喜びがあるからこそ、わたしは真の成功を手に入れることができる。笑いと喜びがあるからこそ、わたしは労働の実りを味わうことができる。それができないなら、失敗したほうがはるかにましである。なぜなら喜びは、食事の味を高めるぶどう酒のようなものだからである。⑩**成功を味わうには喜びが必要であり、笑いは成功を運んでくる女給仕のようなものだからである。**

わたしは幸せになろう。

わたしは成功しよう。わたしはかつて地上に現れたこともなかった、最強の商人となろう。

オグ・マンディーノの教え7

失敗を笑い飛ばせ

コメディアンでもなければ、ユーモアのセンスが職業上の重要な能力とみなされることはない。だがユーモアは、どんな職業においても貴重な財産となりうる。ことにセールスという仕事では、ユーモアのセンスは猛獣使いにとっての鞭と同じくらい大切なものである。

ユーモアとは単にジョークを言うことではない。快活さが心の状態であるのと同じように、ユーモアのセンスとは、誰もが心のあり方として身につけることのできるものなのだ。ユーモアのセンスを高める方法がわかれば、人々の人生に喜びを広めることができ、より大きな達成感を得ることができるだろう。

第七の巻物はユーモアのセンスの磨き方を教えている。さらに大切なのは、喜びという宝物がいかなる物質的な富より大切であること、そしてユーモアはこのたぐいまれな宝物を手に入れるためのカギであることを、この巻物が伝えようとしていることだ。

①笑いは健康のもと

「わたしは微笑むことで消化を良くし、忍び笑いをして重荷を軽くし、笑い声をあげて寿命を延ばそう。なぜなら笑いは長寿の最大の秘訣であり、それが今、わたしのものになったからである。」


大昔、偉大な賢人があることを発見した。それは現代人が、最近になってようやく理解しはじめたことである。その賢人、ソロモン大王はこう言ったのだ。「喜びを抱く心はからだを養うが、霊が沈み込んでいると骨まで枯れる」（箴言一七章二二節）。全米心臓協会は最近、このソロモンの知恵が現代にも通用することを証明した。

一九九八年の同協会の研究報告によれば、ストレスや不安をなくすほうが、運動をしたり食事に気を使ったりするより心臓の健康にいいという。ユーモアのセンスを磨くことは、ストレスや不安を解消してくれるという点で大切なことなのである。

では、営業と健康に何の関係があるのだろうか。答えは明らかだ。健康状態が悪ければ、営業プロセスに不可欠なエネルギーと情熱を生み出すことができないのだ。

②自分を笑い飛ばす

「何よりも、自分自身を笑い飛ばそう。なぜなら自分のことを深刻に悩んでいる人間ほど、滑稽なものはないからである。」

自分の失敗を笑えるのは、自分自身の人間性を受け入れている証拠である。それはまた、自分で自分を許せるということ、つまり世界で一番大切な人間関係のひとつである、「自分との関係」を良好に保てるということを意味している。

営業に失敗はつきものであり、それをことさら重大に受け止める必要はない。自分のミスを笑えるようになれば、目標達成までの道のりがたとえ平坦でなくとも、楽しみながら歩んでいけるのだ。

③逆境を笑い飛ばす

「なぜ、わたしは今日のつまらぬ出来事に心を煩わせるのだろうか。

この太陽が沈む前に、何千年もの時の流れに比べてもささいとは思えない、いったい何が起きるというのだろうか。」

逆境を笑い飛ばせれば、大局に立った見方ができるようになる。たとえば、誰かがあなたを恫喝しているとしよう。あなたが威圧され、冷や汗を流してうろたえる姿ほど、相手を喜ばすものはない。だが、あなたが笑いで応じたら相手はなすすべがなくなり、恫喝もさっぱり効果をあげなくなるだろう。このように、笑いは「逆境」という名の敵の牙を抜き、あなたを威圧しようとする力を奪い去るのだ。

④「これもまた、いつかは過ぎ去る」と唱える

「だからわたしは、ある言葉を唱える練習をしよう。それをしっかりと習慣づけて、自分の中から爽快な気分が消えそうになったとき、すぐにその言葉が心に思い浮かぶようにしておこう。」

「これもまた、いつかは過ぎ去る」という単純な文句によって、何が人生のバランスを狂わせようとも、前向きで建設的な態度を保つことができる。私たちが出合う経験は、すべて一過性のものにすぎないのだ。

たとえばセールスマンがスランプに陥ったとしよう。売上は落ち、セールスマンは落ち込む。そしてその落ち込んだ気分を引きずって次の待ち合わせ場所に行き、ますます負け癖がついてしまう。気分が落ち込めば落ち込むほど、スランプから抜け出せなくなる。スランプだから気分が落ち込み、気分が落ち込むからスランプに陥るという、にっちもさっちもいかない状態に追い込まれる。この終わりのない悪循環を断ち切る唯一の方法は、「これもまた、いつかは過ぎ去る」ことに気づくことなのだ。

⑤悲しんでいる暇もないほど忙しくする

「喜びを得ようとして、あくせくするのはやめよう。むしろ、悲しんでいる暇もないほど忙しくしていよう。」

悲しみを感じるのは、悲観的な考えにとらわれているからである。心のなかを楽しい思い出でいっぱいにし、今まで一番うれしかったことを話題にしよう。そうすれば、悲しみに浸っている時間などほとんど残らないはずである。

⑥笑えば冷静になれる

「そしてわたしの笑いによって、

すべてのものは本来の大きさに戻るだろう。」

物事を客観的に見るのは、大切なことである。尊大になったり、自分の成功を自慢したりするのは、必要以上に失敗を嘆くのと同じくらい無意味なことである。むしろ自分の成功を進んで笑い飛ばし、成功が一時的なものであることを理解し、ついでに失敗も進んで笑い飛ばしてしまおう。実際それらはみな、本当に一時的なものにすぎないかもしれないのだから。

⑦客に微笑みかける

「わたしの笑顔が人の笑顔を引き出してこそ、その日その日が成功に終わる。しかもわたしは、自分のためにそうするのだ。わたしが顔をしかめていれば、相手はわたしの商品を買わないからである。」

笑いや喜びを他人の人生にまで広げていくことは、大きな見返りをもたらす。何の得にもならないからといって、他人を喜ばすことを怠る人が多い。だが営業という仕事では、自分が笑うことを学ぶだけでなく、他人を笑わせることも学ぶべきだと断言していい。なぜなら、人は好ましい相手と取引することを好み、自分を喜ばせてくれる人を好むからである。

笑いはあくびと同じように、人から人へと伝染する。あなたが微笑めば、相手もあなたに微笑み返す。微笑みかけることで、プラスのエネルギーが伝わり、それが相手に微笑を浮かばせるのである。このメカニズムを正確に理解する必要はない。ただ、それが効果をもつことだけを理解して、それをあなたの利益になるように用いればいい。さあ、今日からさっそく、人に微笑みかけてみよう。相手はほとんど条件反射のように微笑み返してくるはずだ。

人に笑いや笑顔を分かち与えると、相手のガードがゆるんでくる。営業マンに対して身構える人が多いが、そうした人と微笑を交わし合うことでささやかな絆が生まれ、消費者特有の防衛反応という第一関門を突破できる。こうして生まれた絆を大事に育てていけば、あなたの勧めるものを相手が購入する可能性は高まるのである。

⑧本当に価値ある製品・サービスを提供する

「悲しみや後悔や失望の涙は市場では何の価値ももたないが、笑顔は黄金と交換することができ、心からの親切な言葉は城さえ築くことができるからである。」

喜びは、人生における最大の宝物のひとつである。だから喜びを誰かに分かち与えるということは、高価な贈り物を贈るのと同じことなのだ。それでも、不誠実はすぐに見抜かれてしまう。ホンモノの営業マンなら、顧客にとって利益にならないような取引は決して行ってはならない。たとえあなたの笑顔で客が協力的になってくれても、本当に価値のある製品・サービスを提供することを忘れてはいけない。

⑨子どもの心を失わない

「わたしはいつまでも子どもでいたい。なぜなら、子どもでいるからこそ人を仰ぎ見ることができるからである。」

子どもの笑いに耳をすましてみよう。彼らはとるに足らない、ちょっとしたことに大いなる喜びを見出すという、たぐいまれな才能をもっている。生まれながらに人生を楽しむ力をもっているのだ。それは彼らが、大人に蔓延しているさまざまな恐怖心や限界に、まだ染まっていないからだ。したがって子どもっぽい無邪気さがあるからこそ、私たちはたやすく喜びを見出し、それを最大限に味わうことができるといえる。

子どもらしさを失わなければ、私たち大人も、好奇心や想像力、あるいは成長の可能性といったものを失わずにすむ。子どものように人生を生きることは、より充実した人生を送るための実践的な知恵であるだけでなく、天使のような至福の境地に達するための唯一の方法でもあるのだ。

⑩自分が何を求めているかを見失わない

「成功を味わうには喜びが必要であり、笑いは成功を運んでくる女給仕のようなものだからである。」

色のない虹を眺めること、香りのない花をかぐこと、味のない食べ物を口にすることと同じで、喜びのない成功を手にすることほど味気ないものはない。たとえ全世界とそこにあるすべてのものを手にできても、喜びがなければあなたは貧しいといえる。ところが地上の何ものも所有していなくても、喜びさえあればあなたは大いなる富を手にしていることになるのだ。

仕事に励むときも、自分が何を求めているのかを見失ってはいけない。努力への見返りが賃金だけだったら、あなたの報酬は不当に低すぎるといっていい。しかし仕事という虹の向こうに「喜び」という黄金の壺があると信じられるなら、毎日を給料日にするような力を得たも同然である。

笑いを育てるためのトレーニング

笑顔で客の心をほぐし、信頼関係を築く

以下の練習を行えば、ユーモアのセンスを営業に上手に応用できるようになる。自分はユーモアのセンスに欠けていると思うなら、この練習の効果は二倍になる。ユーモアによってセールスでの説得力を強化できるだけでなく、人生の他の部分にも彩りを加えることができるからだ。

営業プロセスの要のひとつでありながら、しばしば見過ごされていることは、「客の心をほぐす」という作業である。「心をほぐす」とは、消費者特有の防衛反応を切り崩し、あなたの提示するものに心を開いてくれるような信頼関係を築くことである。この作業がきわめて重要なのは、相手の心をほぐしてからでないと、あなたの提示するものに関心を払ってもらえないからである。

営業マンはえてして売上を達成することに夢中になり、基本中の基本を忘れがちである。つまり、「最初のコンタクトで相手の興味を引くものを提示できなければ、営業マンの存在は相手にとって〝生活妨害〟でしかない」ということである。この単純な原理を頭にたたき込んで、客にアプローチする前に必ず心のなかで繰り返すようにしよう。

以下は客の心をほぐすための七つの方法である。

① ジョーク、世間話、顔の表情などで相手を笑わせる。
② 相手の服装や個性をほめる（ただし心から）。

③　共通の知人、友人の名前を出す（ただしうわさ話はだめ）。
④　仕事や趣味など、共通の話題をもちだす。
⑤　あなたの製品・サービスなどに対する相手の意見を聞きだす。
⑥　何らかの質問をし、相手の答えに熱心に耳を傾ける。
⑦　相手が負担に思わない程度のプレゼントや見本を贈呈する。

ユーモアのセンスを磨くには、日常的によく出合う場面に応用できそうなネタを仕入れておくことだ。また、どんな状況でもプラス面を見られるように努力していると、物事のいい面がすぐに見抜けるようになる。客を喜ばせる、以下のようなテクニックを練習しておくのも役立つだろう。

①　何かにつけてにっこり笑いかけ、明るい雰囲気を演出する。
②　歯を見せて笑い、大きく目を見開くと、向こうからも微笑が返ってくる。
③　相手の顔の表情やボディランゲージに注意を払い、笑いを誘えそうかどうかを見きわめる。
④　笑いを爆発させる前に、くすくすと忍び笑いをする（いきなり笑い出すと相手がびっくりする）。

⑤相手の手や肩にさわって親しみを表現する（さわり方は控えめに）。
⑥おだやかな口調で話しかけ、相手をリラックスさせる。

最強のセールスマンへのインタビュー

ポール・J・マイヤー Paul J. Meyer 著述家／起業家／慈善家

ポール・J・マイヤーが、二〇代半ばでナショナル・ユニオン生命保険のトップ・セールスマンだった当時のことだ。ある春の朝、フロリダにある自宅兼オフィスを訪問したところ、もぬけのからになっていた。この会社のオーナーは複数のあやしげな取引で財務省保険委員会の差押えにあいそうになり、週末のうちに会社ごと州外に引っ越してしまったのだ。知らん顔もできたが、誠実なマイヤーは責任を引き受け、手持ちの資金をかき集めて債権者に返済し、保険加入者の出資分を返却し、社員に新しい勤め口を探してやった。こうした誠実さが、マイヤーの成功の土台になっている。

マイヤーは別名「究極の起業家」とも呼ばれ、中核事業であるサクセス・モチベーション・インスティチュート（ＳＭＩ）のほか、四〇近くの企業のオーナーである。出版、教育、金融、保険、不動産、製造など、多くの分野にまたがる一大ファミリー企業を築きあげている。

客に質問し、熱心に耳を傾ける

――営業の世界に入ったきっかけは？

ものごころついて初めて営業をやったのは、一二歳くらいのことだ。訪問販売で「レディース・ホーム・ジャーナル」などの雑誌を売った。全国規模の賞をいくつか受賞した。雑誌の仕事は好きだったし、女性と接するのが好きだったし、向こうからも好かれた。これがセールスで最初に味わった醍醐味だった。

一〇代のころは中古自転車を仕入れ、修理して売った。友人に畑から果物をとってこさせ、売りさばくのも楽しかった。その後、友人を組織して高速道路の沿線で果物を販売した。

一九歳のとき、ジョージア州コロンバスで保険の仕事を始めた。初年度からその会社の全国ナンバーワンになった。早くからセールスにのめりこんでいたけれど、そうでなくてもこのときそうなっていただろう。人助けをしたり、人助けになるような道具を売ったりするのが好きだった。

――これまでの人生で一番むずかしかったことは?

ひがみっぽい人、何ごとにもけちをつける人、平気でうわさ話をする人などと付き合わなければならないこと。自分の知性や革新性、創造性を発揮するのを制限されるのは好きではない。また、ひがみっぽい人が他人の可能性を潰すのを見るのも好きではない。

――自分の最大の業績はなんだと思うか?

ＳＭＩを創業したこと、そして自己啓発業界の最前線を走ってきたことだ。私のつくったトレーニング・プログラムが業界最大のヒットになったこともうれしかった。

――お手本にしてきた「師」は?

イエス・キリストが私の最大のお手本だ。その次が両親。そのほかは、小学校一年のときの担任だったマコーミック先生をはじめとする先生方だ。

――あなたの最高の営業テクニックは?

サーバント(奉仕者)の姿勢を保ち、サーバント的な自覚や心構えをもつこと、そして人を無条件に愛するということだ。

――そのテクニックの実践例を教えてほしい。

客に質問し、熱心に耳を傾けて、相手のニーズを見つけ出すこと、そしてさらに質問をして、そのニーズを満たす最良の方法を探り出すことだ。

――意欲ある営業マンたちへのアドバイスは?

自分の仕事の基本を学び、根気よく、一歩ずつ確実にキャリアを築き、自分の属する組織で最大の売上をあげている人たちを観察して彼らの成功の秘密を探り出し、目標を見失わずに粘り強くがんばることだ。

――今のような人生哲学をもつに至ったきっかけは?

自分のこれまでの人生を振り返ると、最初から今のような考え方を貫いてきたように思う。

第八章

努力を惜しまなければ収入は増える

第八章で取り上げる第八の巻物では、どうすれば売上を拡大し、収入を引き上げられるかを示している。ここに示されている原理は、いつでも誰でも応用でき、決して失敗しないと保証できるものである。

第八の巻物 自己変革

わたしは今日、わたしの価値を一〇〇倍に増やそう

わたしは今日、わたしの価値を一〇〇倍に増やそう。

①**人の天才にかかれば、桑の葉も絹に変わる。**
人の天才にかかれば、土の畑も城に変わる。
人の天才にかかれば、糸杉も神殿に変わり、刈り取られた羊の毛も王の服に変わる。

葉や土や木や毛の価値が、人の手によって一〇〇倍、いや一〇〇〇倍にもなるならば、わたしもまた、土の塵から形づくられたとされる、わたしという名の人間に対して同じことをできないはずがあろうか。

わたしは今日、わたしの価値を一〇〇倍に増やそう。[2]**わたしは一粒の麦に似ている。**その麦粒には、三通りの未来がある。麦粒は袋に入れられ、畜舎に積まれ、豚の餌にされるかもしれない。あるいは挽いて粉にされ、パンにされるかもしれない。あるいは地面に蒔かれて成長し、黄金の穂先がいくつにも分かれて、たった一粒の麦から何千粒もの麦を生み出すかもしれない。

わたしは一粒の麦に似ているが、たった一つの点で麦と違っている。麦は豚の餌になるか、挽かれてパンになるか、あるいは蒔かれて増えるかを選ぶことはできない。しかしわたしには選ぶ自由がある。だからわたしは、自分の命を豚の餌にさせたりしないし、失敗や絶望の石臼に挽かれて粉々にされ、人の意のままに貪り食われたりもしない。

[3]**わたしは今日、わたしの価値を一〇〇倍に増やそう。**

成長し、増えつづけるには、麦粒を大地の闇の中に埋めなければならない。そしてわたしの失敗、絶望、無知、無力は、わたしという麦粒が熟すために蒔かれた、闇なのである。[4]**麦粒が雨と太陽と暖かい風に育てられなければ、芽を出し、花を咲かせることができないように、わたしもまた、体と心を養わなければ、夢を実現することはできない。**麦がすくすくと成長するには、自然の気まぐれにまかせるしかない。しかしわたしには、待つ必要はない。なぜならわたしには、自らの運命を選びとる力が与えられているからである。

わたしは今日、わたしの価値を一〇〇倍に増やそう。

それでは、どのようにすればそれを実現できるのだろうか。[5]**まずわたしは、その日、その週、その月、その年、そして人生の目標を定めよう。**雨がなければ、麦粒の殻が破れて芽が出ないように、目標がなければ、わたしの人生も現実にはならない。目標を定めるときは、わたしのこれまでで最高の業績を目安にして、それを一〇〇倍にすることをめざそう。それが、わたしのこれからの人生のモノサシとなるだろう。わたしは決して、目標が高すぎるのではないかと気をもんだりはしない。なぜなら、月に向かって槍を投げて鷹をしとめるほうが、鷹を狙って岩にあたるよりはましだからである。

わたしは今日、わたしの価値を一〇〇倍に増やそう。

[6]**目標が高いからといって、わたしは恐怖にかられて立ちすくんだりしない。たとえ目標を達成するまでに、たびたび躓くことがあろうとも。**躓いたら立ち上がり、転んでも心配したりはしない。人はみな、暖炉に達するまで何度も転ばなければならないのである。躓く心配がないのは虫だけである。しかしわたしは虫でもなく、玉葱でもなく、羊でもなく、人間である。土に洞窟を掘るのは他人にまかせ、わたしはわたしの土で城を築こう。

わたしは今日、わたしの価値を一〇〇倍に増やそう。

麦が芽を出すためには、日の光によって地面が暖められなければならないように、これらの巻物の言葉がわたしの人生を暖め、わたしの夢を現実のものにしてくれるだろう。

わたしは今日、昨日のすべての行動を上回ろう。わたしは今日という山を力のかぎりよじのぼろう。そして明日は今日よりさらに上までのぼり、明後日は明日よりさらに上までのぼろう。[7]**他人の行いを上回ることが大切なのではない。わたし自身の行いを上回ることがすべてなのである。**

わたしは今日、わたしの価値を一〇〇倍に増やそう。

暖かい風が麦の穂を実らせるように、その同じ風が、聞く耳をもつ者のもとにわたしの声を届け、その言葉はわたしの目標を宣言するだろう。いったん口にしたら、わたしは面目にかけても、その目標を取り消したりはしない。[8]**わたしはわたし自身の預言者になろう。そして、すべての人がわたしの言葉を笑おうとも、彼らの耳にわたしの計画を聞かせ、わたしの夢を知らせよう。**こうすれば、わたしの言葉が現実となるまで、わたしにもはや逃げ道はなくなる。

わたしは今日、わたしの価値を一〇〇倍に増やそう。

[9]**わたしは、目標を低く設定しすぎるという、恐ろしい罪を犯さないようにしよう。**

わたしは、失敗者が手を出さないような仕事を手がけよう。

わたしは常に、手でつかめる以上のものに、さらに手を伸ばそう。

わたしは決して、市場における自分の業績に満足しないようにしよう。わたしは目標を達成するたびに、たえずその上を目指そう。

わたしは常に、次の一時間を今の一時間より充実したものにするよう努力しよう。

わたしは常に、自分の目標を世界に向かって宣言しよう。

ただし、自分の偉業を自慢するようなことは決してすまい。むしろ、世間のほうから称賛をもって近づいてくるような人物になろう。そして、その称賛を謙虚に受け止めるだけの賢さをもとう。


わたしは今日、わたしの価値を一〇〇倍に増やそう。一粒の麦が一〇〇倍に増えれば、一〇〇本の茎が生え出る。それらをさらに一〇〇倍にすることを一〇回繰り返せば、地上のあらゆる都市の人々を養うことができるだろう。まして[10]**わたしは、一粒の麦にまさる存在ではないか。**わたしは今日、わたしの価値を一〇〇倍に増やそう。そしてそれが成し遂げられたら、同じことを何度も繰り返そう。そのようにして巻物の言葉がわたしの中に実現したとき、わたしの偉大さは驚きと感嘆をもって迎えられるだろう。

オグ・マンディーノの教え8

努力を惜しまなければ収入は増える

いよいよ、このセールス・トレーニング・プログラムも佳境に入ってきた。私は「はじめに」のなかで、効果的なセールス・トレーニング・プログラムとは、売上をあげるものでなければならないと書いた。第八の巻物に示された原理は、他の八つの巻物のどれにもまして、売上アップに直結するものだ。ここでは、どうすれば売上を拡大し、収入を引き上げられるかを具体的に示していこう。

自分の価値を上げるためのさまざまな戦略のなかでも、いつでも、誰でも応用でき、決して失敗しないと保証できるものがひとつだけある。この神秘的な原理は「収穫逓増の原理」と呼ばれている。この原理はその単純さゆえに、成功するには複雑な手続きが必要だと信じている人々から過小評価されがちである。だが以下に示すように、この原理を応用すれば、簡単に収入を上げ、人生のその他の面も充実させることができるのだ。

①自分は天才だと信じる

「人の天才にかかれば、桑の葉も絹に変わる。」

信じようと信じまいと、あなたは天才である。だが自分は天才だと信じられないかぎり、自らの天才を伸ばし、コントロールできるようにはならない。あなたの頭のなかには、毎日二〇〇〇ものアイデアが浮かんでいる。そしてそのアイデアを実行したとき、あなたは天才の力を発揮することになる。いかなる行動も何らかの反応を引き起こし、最終的には何らかの結果を生み出す。言い換えれば、アイデアを実行に移すたびに、あなたは人生に何らかの結果を生み出しているのだ。

以上のようなメカニズムを知らずに、自らの創造の才を活用しようとするのは、闇のなかを、ものにぶつかりながら歩き回るのと同じことである。たえず何かが起こっているが、それが何であり、どうして起きたのかはわからない。だから本章では、どうすればあなたの創造性を用いて、望みどおりの結果を引き出すことができるかをお教えしよう。

②努力を惜しまなければ収入は増える

「わたしは一粒の麦に似ている。」

人間も自然の一部であり、自然の法則に従わなければならない。しかし私たちは、動物や植物のなかに本能として働いている自然の法則のいくつかを、選択の自由によって能動的に活用することができる。たとえば動物や植物は本能的に生殖を行うが、人間は生殖を行うことも、意図的に生殖を避けることもできる。そこでは選択が可能なのだ。

ここに、本章のテーマである「収穫逓増の法則」の出発点がある。自然のもとでは、蒔かれた種はすべて何倍もの収穫をもたらす。だから多くの種を蒔けば蒔くほど、収穫は大きくなる。この「収穫逓増の法則」によれば、我々の努力はすべて報酬という「収穫」をもたらすことになる。だから「収穫」を増大させるには、努力の量を増やしさえすればいいのだ。

この法則はあまりに単純なため、忘れられていることが多い。

たいていの人は給料分しか働こうとしない。もっと給料をもらいたいと思いながら、収入が増えるチャンスをじっと待っている。そうしたチャンスは、転職ないし昇進という形で訪れる。つまり、そうしたチャンスがめぐってきたら、そのとき初めてがんばればいいというわけだ。

「収穫逓増の法則」はこれとはまったく逆の仕組みだ。この法則によれば、給料分より多く働けば、収入は増えるのである。

③アウトプットを増やして収入を増大させる

「わたしは今日、わたしの価値を一〇〇倍に増やそう。」

もっと努力しなさいと言うと、悲観的な答えが返ってくることが多い。「自分のできることには限りがある」とか、「一日は二四時間しかない」といった調子だ。みなさんからも同じような反論が返ってくることを予想して、どんな制約があろうとアウトプットを増大できる方法を二つお教えすることにしよう。

アウトプット（生産）を増やすということは、必ずしも仕事量を増やすことを意味しない。「質」を向上させることでアウトプットを増やすことも可能だ。製品やサービスの質を向上させれば、もっと高い料金を請求できる。顧客や見込み客へのフォローアップの質を向上させれば、紹介が増える。ビジネス・プロセスの質を向上させれば、短い時間でより多くの仕事をこなせるようになる。またビジネス・プロセスの改善により、仕事量が増大する可能性も高い。能率の向上で、時間的にも体力的にも余裕が生まれるからだ。

アウトプットを増大させるもうひとつの方法は、製品・サービスの売上を増大させることだ。先端技術を最大限に活用すれば、より短時間でより多くの取引を成約に導ける。コンピュータ・ソフト、ＦＡＸ、インターネット、Ｅメールなどは、その効果的な利用法を勉強した人にとっては、忍耐強く主人の傍らに控える寡黙な奴隷をもったようなものだ。

④心と体をいたわる

「麦粒が雨と太陽と暖かい風に育てられなければ、芽を出し、花を咲かせることができないように、わたしもまた、

体と心を養わなければ、夢を実現することはできない。」

老後をのんびり暮らしたいからという理由で、経済的成功を望む人もいる。だが、これでは成功ではなく、自殺である。どんなものにも、成長を止めた瞬間に死が訪れるのだ。人間生活の成長も、生きとし生けるものを統べる法則に従うのだから、ずっと成長を続けていくには心と体をたえず養うことが不可欠である。体をいたわらなければ、目標をめざして十二分に努力することはできない。セールスは肉体労働である。実力を最大限に発揮できるよう、健康的な食事と運動によって体を養わなければならないのだ。

社会的にも経済的にも上をめざしていくには、知識によって心を養うことも欠かせない。精神面での強さを身につけるには、自分の仕事内容を中心として、より合理的な情報収集を習慣づけていくべきだ。書籍、テープ、ビデオ、雑誌などから貪欲に学んでいくことで、夢の実現にさらに一歩、近づくことができる。

自分の仕事とは直接関係ない分野の知識も充実させよう。健康、資産管理、人間関係など、さまざまな分野の本を読んで洞察力を深めれば、そうした問題をよりよく解決できるようになる。そして余ったエネルギーを、仕事上の目標をどうすれば達成できるかという問題に、もっと集中させることができるようになるのだ。

⑤目標に至るまでの手順や期限を明確に定める

「まずわたしは、その日、その週、その月、その年、そして人生の目標を定めよう。」

目標設定《ゴールセッティング》は、人生の目標を達成するための最も強力な武器である。たいていの人は、ごく漠然としか目標を定めていない。目標に到達するまでの手順や期限なども含め、目標はもっと明確に定めるべきだ。さもないと目標を完全に達成することはできないだろう。目標を設定するのは、成功への階段を一段一段築いていくようなものだ。一段一段、階段を積み上げながら昇っていけば、最終的にはいかなるレベルの成功でも達成できるだろう。

⑥ミスは気にしない

「目標が高いからといって、わたしは恐怖にかられて立ちすくんだりしない。たとえ目標を達成するまでに、たびたび躓くことがあろうとも。」

目標をめざして挫折すると、たいていの人は再挑戦に消極的になる。だが暴れ馬に放り出されたときと同じで、もう一度馬の背に乗らなければ、永遠に乗りこなすことはできない。

落馬が怖いからといって、凡庸さに甘んじていてはいけない。そうならないためには、目標を高く設定すれば、落馬するのは当然だと割り切ることだ。

より上の成績をめざして高い目標を掲げたときは、背伸びをし、自分の能力を最大限に発揮しなければならない。そのレベルに到達しようとすれば、最初は躓き、転ぶこともあるだろう。それでも挑戦を続ければ、やがてそのレベルにも慣れ、さらに上のレベルをめざせるようになるのだ。

失敗（ミスや一時的な行き詰まり）は、目標に到達するためのひとつのプロセスにすぎない。そのことがわかれば、落胆してすぐあきらめてしまうこともなくなる。目標までの階段をもう少し減らす必要性はあるかもしれないが、失敗が怖いという理由だけで目標を低くする必要はない。成功に至る過程での挫折は、立ち上がって、再挑戦することを放棄しないかぎり、「失敗」とはいえないのである。

⑦人を負かすことばかりを考えない

「他人の行いを上回ることが大切なのではない。わたし自身の行いを上回ることがすべてなのである。」

人を負かそうとして努力するのは、必ずしも自分自身の成長にプラスになるとはかぎらない。他人が何かを成し遂げると、「自分のほうがすぐれているのだから、いつか追い抜いてやろう」と思う人がいる。このように考えることは、誤った優越感に基づいて自信をつけようとすることであり、有益とはいえない。こうした考え方をしていると、嫉妬や反発や敵意を招いてしまう。たとえ相手を凌駕したとしても、人生の別の部分でバランスを失い、むなしい勝利に終わってしまうだろう。

人を負かすことばかり考えていると、自らが成長するすべを見失ってしまう恐れもある。成功した人の業績ばかりに目がいくと、そうした業績をあげるためにいかに多くの時間や努力が必要だったかを理解できないからである。

自分を成長させる最も確実で効果的な方法とは、自分の過去の実績を目安にするという方法である。たとえ一%でも過去の実績を上回れば、あなたは明らかに成長したといえる。自分の実績を上回ろうと努力することで、自分を成長させていくと同時に、自分自身に対する誇りや信頼を高めていくことができる。このようにすれば、自分で自分を成長させていくことの爽快感を味わうことができるのである。

⑧将来実現したいことを公言する

「わたしはわたし自身の預言者になろう。
そして、すべての人がわたしの言葉を笑おうとも、

彼らの耳にわたしの計画を聞かせ、わたしの夢を知らせよう。」

預言とは、未来に何が起こるかを語ることである。頭で考えてこうなるだろうと「予想」するのとは違う。「預言」とは、起こるとわかっていることを宣告することである。「未来が見えるわけでもないのに、預言などできるはずがない」と言う人もいるだろう。実をいえば、あなたは毎日のように預言を行っている。たとえば約束は、守るつもりがあるかぎり、すべて預言である。

将来実現したいことを口にするのを恐れてはいけない。たとえ心のなかでつぶやいただけでも、預言するという行為そのものに意欲をかき立てる効果があるのだ。まして人前で預言すれば、さらに大きな責任が生まれ、人の目も気になるので、いっそう預言を実現しようと努力するはずである。今「預言」として宣言できそうな目標がひとつあれば、それを世間に公言してみよう。そしてそれが、最後まで目標を貫徹しようという情熱をいかにかき立てるかを実感してみよう。

⑨目標を低く設定しすぎない

「わたしは、目標を低く設定しすぎるという、恐ろしい罪を犯さないようにしよう。」

盗みは明らかな罪悪である。一方、途方もない才能と潜在能力を犠牲にして、凡庸な人生を送ることは一見、罪悪のようには思えないかもしれない。両者を比べれば、盗みのほうが罪が重いと思う人のほうが多いだろう。だが自分の能力を安売りするのは、人類に豊かさをもたらすかもしれない大いなる恵みを盗んだのと同じなのである。そのことは、本来なら家族や友人があなたから受けるはずのさまざまな恩恵を奪い去り、自分自身に対しても、与えられた人生において享受できるはずだった達成感を奪っているのである。

目標を低く設定しすぎるのは、法律によって罰せられる罪ではない。それは、生きとし生けるものを統べる普遍の法則によって罰せられるのである。

⑩あなたは自分の価値を倍増させられる

「わたしは、一粒の麦にまさる存在ではないか。」

植物が自らの価値を増殖できるなら、人間もまた自分の価値を増殖できるはずだ。人間と植物にはさまざまな共通点がある。だが人間は植物と違い、自らの価値を倍増させていくか、そのまま衰えて死んでいくかを選択することができる。選択の自由を与えられているということは、思いのままに価値を倍増できるという点で植物にまさっているのである。

ジェームズ・アレンは名著『As a Man Thinketh』のなかで、人間は心のなかにどんな考えを養っていくかを選ぶことで、人生からどのような果実を収穫するかを選ぶことができると述べている。アレンはまた、自分の心に浮かぶ思考を支配できなければ、私たちの人生には無益な雑草ばかりが生い茂ってしまうという。人生の収穫を左右する思考の根っこを正しく見分けられれば、有害な雑草が生じるのを事前に防ぐことができるのである。

本章に述べた内容をとおして、自分自身の価値を倍増させ、収入を引き上げるために必要な洞察力を身につけることができたと思う。あとは、「努力」を倍増させることによって、種蒔きを始めるばかりだ。チャンスは待つものではなく、つくるものだ。あなたのまわりには豊かな大地が広がっている。良い種を蒔けば、十分な収穫が得られる。同様に、悪い種を蒔けば、雑草や茨ばかりが生えてくる。収穫をもっと増やしたいなら、蒔く種の種類を変えてみればいいのだ。

自分を成長させるためのトレーニング

アイデアを書き留めるノートをつくる

すぐれたセールス・トレーニング・プログラムとは、売上を向上させるものでなければならない。だが、たとえ人生の謎にすべて答えられたとしても、それを実際に応用できなければ何の意味もない。以下の練習を行えば、本章で学んだ知識を、現実の売上向上に結びつけることができるはずだ。

あらゆる価値の源泉はアイデアにある。アイデアを実行に移すことは、金融取引に似ている。周囲を見てみよう。私たちがお金を払って買っているものは、すべてアイデアからスタートしている。世界一の金持ちのひとりに数えられるビル・ゲイツは、自らのアイデアをコンピュータのソフトウェアに結実させることで財産を築いた。アイデアは最初は目に見える形をとっていないが、その成果は必ず目に見える形で現れるのだ。

自分のポケットからこぼれたコイン、あるいは路上に落ちたコインを拾うために、労を惜しむ人は多くはない。すぐれたアイデアが頭のなかからこぼれ落ちたら、あるいはすぐれたアイデアに出くわしたら、これを現金のように思うべきだ。「アイデアは金なり」なのである。「アイデアは金なり」という言葉をじっくりと味わい、意識に浸透させれば、それがあなたの信念になる。また、お金は単なる交換手段にすぎないことを念頭に置いておこう。金銭の価値は、どんなものと交換できるかにかかっているのだ。同じように、アイデアも交換手段にすぎない。アイデアの価値もまた、どんなものと交換できるかにかかっているのだ。

あなたの価値を高めるために、アイデアを貯蔵しておく「アイデア・バンク」をつくっておくといい。そこでアイデアを書き留めるための専用のノートを用意しよう。その日のベストアイデア、その週のベストアイデアを選んで、定期的に記録していく習慣をつけよう。その週のベストアイデアを読み返し、最良のものを選んで「アイデア・バンク」の特別のページに記録する。そして各週のベストアイデアを一カ月ごとにまとめて読み返し、「月間賞」を選ぼう。こうすれば、一年間で卓越したアイデアを一二以上も集めることができる。

「アイデア・バンク」に記録するアイデアは、以下のような方法で見つけることもできる。

①　匿名でアイデアを提案できる「投書箱」をつくっておく。
②　会社なり自宅なりに掲示板を設け、誰でも気軽にアイデアを提案できるようにする。
③　テーマをひとつ選び、ブレインストーミングを行ってアイデアを引き出す。
④　特定の問題を課題に出し、すぐれたアイデアに対して報償を与える。
⑤　友人、家族、顧客などからもアイデアを集める。
⑥　就寝時にアイデアが浮かんだ場合にそなえ、ベッドにメモ帳を用意しておく。

すぐれたアイデアはすぐ実行に移そう。それ以外のアイデアも、きちんと記録しておくこと。そうしたアイデアのなかには、今は役立たなくても、将来はかりしれない価値をもつ可能性のあるものが存在するかもしれない。

最強のセールスマンへのインタビュー

アンソニー・ロビンズ Anthony Robbins 心理プロセスの専門家

アンソニー・ロビンズは「パーソナル・パワー」（目標に向かって絶え間なく行動していく力）こそが成功のカギであることを発見し、家庭や職場、その他の組織に変化を起こす心理プロセスのエキスパートとして、全米にその名を知られるようになった。

すでに成功している人々も、さらなる成功をめざしてロビンズの助言を仰いでいる。大企業のCEO、二つの国の王族、NHLやNBAの所属チーム、アンドレ・アガシ、グレッグ・ノーマンらのスポーツ選手、優秀な学生、教育熱心な親たち、さらには合衆国大統領までが彼の助言を仰いでいるのだ。

難問にぶつかったら、どうしたら楽しく解決できるかを考える

――営業の世界に入ったきっかけは？

一九七八年、一八歳のとき、私は「トレーニング・マネジャー募集、週五〇〇ドル、経験不問」という広告を見て仕事を始めた。どうせ実験台だろうと思いつつ、広告掲載の会社、パール・ミュージックに就職。この会社は、実はレコード頒布の訪販会社だった。ところがある男性の家にセールスに行っているとき、「あなたは自分が会ったなかで最も説得力のある人だ。その才能を生かして、人助けになる仕事をすべきだ」と言われた。「実を言うと、私も同じことを考えていた」と私が答えると、その男性はお手本になるような弁舌の天才がいるから、会ってみてはどうかと勧めた。その人の

名がジム・ローンと聞いて、私は耳を疑った。自分もローンの講演を聴いたことがあって、こんな人のもとで働きたいと思っていたからだ。男性はローンを個人的に知っていると言い、そのセミナーに招待してくれるという。

数週間後、私はローンの講演会に出席するため、サウスコースト・プラザ・ホテルに赴いた。しかし、私に招待券をくれた人物のことは、誰も知らないという。ようやくひとりの男性が現れて、「その人なら知っているよ。だが、彼がジム・ローンのことを知っているはずはない」と言った。それでも何とか、会場に入れてもらえた。セミナーの内容はすみからすみまで知っていたので、講演者がみなまで話さないうちに、何を言うかがわかったほどだった。私は休憩時間にローンに近づき、ローンの会社で働きたいと申し出た。「もちろんいいよ。我が社の製品を全部買い上げてくれたらね」とローンは言う。費用は一二〇〇ドルで、とても払える金額ではなかった。

だが私は、本当に必要なものなら手に入らないはずがないと信じていたので、手当たり次第に銀行をまわって融資を頼んだ。とうとう、ウェスト・コヴィーナのバンク・オブ・アメリカの女性行員から、ようやく融資をとりつけた。

かくて私はジム・ローンの会社の製品を買い、就職に成功した。残念ながら、パール・ミュージックは副業を禁止していた。レコードを売りにいったお客さんに、ついでにジム・ローンのセミナーの勧誘をするのも歓迎しなかった。それでも私はあきらめず、ジム・ローンのセミナーの勧誘を始めてから一カ月で三〇〇〇ドルも稼ぎ、営業マンとして成功し、自信満々で出身校の同窓会に赴いた。みなが私のことを心配してくれたが、そんな心配はいらないと答えた。自分は好きな仕事をして人助けをし、しかも月三〇〇〇ドルも稼いでいるからと。

――これまでの人生で一番むずかしかったことは?

どんなに用意周到な人でも、人生という川の流れにおいては、必ず何回か岩にぶつかる。これは悲観して言っているのではなく、事実を言ったまでだ。それでも自分を「負け犬」として責めるのでなく、人生に「失敗」などありえない、あるのは結果だけだ、望みどおりの結果が得られなかったら、その経験に学んで、今後はもっとうまくやるための参考にすればいい――と思えばいいのだ。ちょっとでも問題が起こりそうだと、逃げてしまう人が多すぎる。本当は困難を乗り越えてこそ、その人らしさが磨き上げられるというのに。

そういう私も、「磨かれる」経験をたくさんしてきた。たとえば同僚が会社の金を横領して、七五万六〇〇〇ドルの借金を残して姿を消したことがあった。私は目先の現象にとらわれず、二度と同じようなことが起こらないよう、長期的に問題を解決する方法を考えた。専門家は破産申請をするようアドバイスしたが、私はそのような方法は考えもしなかった。その後、我が社は毎年、記録破りの業績をあげてきた。昨年は従業員に総額三〇万ドルのボーナスを支給した。

私は何か難問にぶつかると、いつも次のようなことを自問するようにしている。
① このことからどんな教訓を引き出せるか。
② このことに、何かすばらしい面はないか。あるいは、すばらしいことを生み出す可能性はないか。
③ 何が足りなかったのだろうか。
④ これを自分の思いどおりに解決するために、進んでやりたいと思うことは何か。
⑤ これを自分の思いどおりに解決するために、どんなことをあきらめてもいいか。
⑥ これを自分の思いどおりに解決するための作業を、どうしたら楽しくやれるか。
――自分の最大の業績はなんだと思うか？

私にとって成功とは、さらに上に行くための現在進行中のプロセスのことだ。感情的にも、社会的にも、精神的にも、生理学的にも、知的にも、たえず成長しつつ、他人のためにも何らかの貢献をすることが成功なのだ。

私は人生において、人々がすばらしい毎日を送れるよう、手助けすることをめざしてきた。目下の課題は、できるだけたくさんの人にできるだけ多くの力を与えることができるような、最高の手段を見つけることだ。これまでも多くのチャンスを与えられたし、今後の可能性を考えるとわくわくしてしまう。たとえば私は国連の健康科学委員会のメンバーを務めているが、この仕事は私に新たな成長の機会を与えてくれた。新たなミレニアムにおいて、個人や組織、さらには国家を援助していくにはどうすればいいかについて、新しい考え方を学ばせてもらっている。大切なことは、人間には本来、偉大な力が与えられていて、それを解き放つことさえできれば、人生においてこうしたい、こうなりたい、こんなものを人に伝えたい、創造したい、与えたいと思うものはすべてかなえられるということだ。私のライフワークは、人々がそうした力を解き放ち、彼らが望み、当然の権利として与えられているすばらしい人生を創造できるよう手伝うことだ。

——お手本にしてきた「師」は？

私の人生に、さまざまな形でかかわった、すばらしい人たちがたくさんいた。なかでも特筆すべき人を挙げるなら、一人目は最初の師であったジム・ローンだ。彼は私に、一番大切なのは、人生において何を手に入れたかということではなく、何かを得ようとする過程でどんな人間になったかということだと教えてくれた。

二人目は脳神経言語プログラミング（ＮＬＰ）の創始者、リチャード・バンドラーとジョン・グリンダーだ。二人からは、短期間で変化を起こし、しかもそれを永続させることが可能であることを学んだ。

三人目は妻ベッキーの父であるセシル・ビッガースタッフだ。心優しい彼は、日常のささいな行為が、最大の貢献をなしうるのだと考えていた。人の一生は一瞬一瞬の積み重ねだ。その一瞬一瞬を意識し、心に留めなければ、人生はあなたの上を通り過ぎていってしまう。

最後は妻のベッキー、そしてタイラー、ジョリー、ジョシュ、ジャイレックの四人の子どもたちだ。家族はわたしにとって人生最大の喜びであり、生きがいでもある。彼らが常に無条件の愛を注いでくれることには、いつも驚かされる。彼らからはたえず学ばせてもらっているし、これほど才能のある、思いやりあふれた人々が身のまわりにいてくれることは、本当にめぐまれていると思う。

歴史上の偉大な人物の言葉にも、好きなものがたくさんある。そうした言葉のひとつに、ネルソン・マンデラのこんな言葉がある。「私たちが最も恐れるのは、自分たちの無力さではない。私たちが最も恐れるのは、私たちに途方もない力が与えられていることなのだ。私たちを最も恐れさせるのは、私たち人間の闇ではなく、光なのだ。私たちは自問する。こんなに賢く、華やかで、才能があり、素敵な私たちとは、いったい何者なのだろうと。しかし、そうでない私たちなど考えられるだろうか。だって私たちは神の子なのだから。ちぢこまっていたのでは、世界に奉仕することはできない。まわりの人に脅威を感じさせないように、身をちぢめているのは、少しも賢いことではない。私たちは、私たちのなかにある神の栄光を表すために生まれてきたのだ。それは、限られた人々に与えられたものではない。あらゆる人に与えられている。だから、自分のなかの光を輝かせることは、無意識のうちに、他人にも同じようにするよう促していることになるのだ。自分のなかの恐怖から解放されれば、自動的に他人を解放することになるのだ」

――あなたの最高の営業テクニックは？

成功する人は、たぐいまれな集中力をもっている。その集中力によって、その人をトップに押し上げる個性を築くまで、がんばりつづけることができるのだ。人生のあらゆる場面で、たとえビジョンを実現するための具体的方法がわからなくても、ビジョンを追いつづける者がいかに強いかを、彼らは心得ているのだ。成功は偶然の産物ではない。エクセレンス（すぐれた特性）を実現するには、一貫性があること、合理的な行動様式をもつこと、さらに具体的なプロセスを経ることが必要だ。そしてそれは、どんな人でも手に入れられるものなのだ。偉大な成功をおさめた人々は、行動指向であるという点で共通している。では、こうした人々が来る日も来る日も、もてる才能をすべて行動に注ぎ込んでいけるのはなぜだろうか。

成功者、もっと正確に言えば充実した人生を送る人々は、決まった特性を人格のなかに形成している。どのような特性を育むかは、それぞれが決めることだが、私はそうした特性を「パワー・バーチュー（力ある美徳）」と呼んでいる。この特性をたえず原点としながら、すばらしい人生を築いていってほしい。私が最も大切だと考え、常にそこに源泉を求めている「力ある美徳」とは、決意、信仰、思いやり、勇気、そしていうまでもなく情熱である。情熱は人生に力と正義を与えてくれる。スポーツ選手や芸術家、科学者、親、あるいはビジネスマンにどんなにやる気があっても、情熱がなければ、どんなに偉大なものも偉大なものたりえない。情熱があれば、どんな難問だろうと、とてつもないチャンスに変わる。情熱は私たちの人生を、空前のスピードで前進させる無限の力なのだ。

第九章

物事を先送りしない

第九章で取り上げる第九の巻物では、あなたの自主性を高め、「物事を先送りする」原因と治療法を示すことで、この悪しき習慣から抜け出す方法を示してくれる。成功者は行動力において、常に凡人の一歩、二歩先を行くものなのだ。

第九の巻物
行動力
わたしは今すぐ、行動しよう

[1]わたしの夢はむなしく、わたしの計画は塵にすぎず、わたしの目標は成し遂げることができない。

いかなるものも、行動が伴わなければ何の役にも立たない。

わたしは今すぐ、行動しよう。細部と言い、縮尺と言い、どんなに注意深く作られた地図でも、その持ち主をたった一インチでも運ぶことができたものはない。どんなに公平でも、たったひとつの罪さえ防ぐことのできた法律書はない。たとえわたしが持っているようなものでも、たった一ペニーでも金を稼ぎ、たったひと言でも称賛を勝ちとることのできた巻物はない。地図も、法律書も、この巻物も、わたしの夢も、わたしの計画も、わたしの目標も、それに火をつけて生きた力にさせるのは、行動だけである。**行動[2]は、わたしの成功を養う食べ物であり、飲み物である。**わたしは今すぐ、行動しよう。**わたし[3]の前進を阻んでいる先送りの習慣は、恐怖心から生まれたものである。**わたしは今、すべての勇者たちの心の奥底から掘り起こした秘密を手にしている。つまり、**恐怖[4]を乗り越えるためには、常にためらわず行動すること、そうすれば心の動揺は消えるということを、今のわたしは知っているのである。今[5]のわたしは、行動によって、獅子のごとき恐怖を、蟻のごとき平安に変えることができることを知っているのだ。**

わたしは今すぐ、行動しよう。これからのわたしは、飛んでいるとき、すなわち行動しているときしか光を放たない蛍の教訓を忘れないようにしよう。わたしは蛍になろう。そして昼間の日差しの中でさえ、わたしの輝きは消えないだろう。美しい羽を見せびらかしているが、花がなければ生きていけない蝶のように生きるのは、他の者に任せておこう。わたしは蛍のように生きて、わたしの光で世界を照らそう。

わたしは今すぐ、行動しよう。

わ[6]たしは今日なすべき仕事を怠けて、明日に回したりしない。なぜなら、明日は決して来ないことを知っているからである。たとえわたしの行動が、喜びや成功をもたらさないとしても、わたしは今すぐ、行動しよう。行動せずにもがいているよりも、行動して倒れるほうがましだからである。実のところ、喜びはわたしが行動によって収穫した果実ではないのかもしれない。それでも行動がなければ、どんな果実もぶどうの木にぶら下がったまま腐ってしまうだろう。

わたしは今すぐ、行動しよう。

[7]**わたしは今すぐ、行動しよう。これからのわたしは、この言葉を毎日、毎時、何度も何度も繰り返し、この言葉が呼吸と同じくらいに習慣となって、言葉に伴う行動が、瞬きと同じくらい無意識の反応となるようにしよう。**[8]**この言葉があれば、わたしは自分の思いを整えて、成功するために必要なあらゆる行為をなすことができる。**この言葉があれば、わたしは自分の思いを整えて、失敗者たちが避けたがる、あらゆる難題に立ち向かうことができる。

わたしは今すぐ、行動しよう。

わたしはこの言葉を、何度も何度も繰り返そう。

わたしは目覚めたとき、この言葉を唱えて、床から跳ね起きよう。失敗者たちが、もう一時間眠りつづけている間に。

わたしは今すぐ、行動しよう。

わたしは市場に入ったとき、この言葉を唱えて、ただちに最初の客の前に立とう。失敗者たちが、客の拒絶を恐れて尻込みしている間に。

わたしは今すぐ、行動しよう。

わたしの前で扉を閉められたとき、わたしはこの言葉を唱えて、その扉を叩こう。

失敗者たちが、恐怖と不安にかられて、扉の外にたたずんでいる間に。

わたしは今すぐ、行動しよう。

誘惑にかられたとき、わたしはこの言葉を唱えて、自分を悪から救い出すためにただちに行動を起こそう。わたしは今すぐ、行動しよう。あきらめて、明日またやり直したくなったとき、わたしはこの言葉を唱えて、あとひとつ売上を成立させるために、ただちに行動を起こそう。

わたしは今すぐ、行動しよう。**市場[9]におけるわたしの価値を決めるのは、行動のみである。だからわたしの価値を高めるために、わたしは行動する回数を増やそう。**失敗者たちが踏み込むのを恐れる場所に、わたしは踏み込もう。失敗者たちが休みたがっているときに、わたしは働こう。失敗者たちが、ひとりの客を訪ねるために大がかりな計画を練っている間に、わたしはわたしの商品を買ってくれそうな一〇人の客を訪ねよう。失敗者たちが「手遅れだ」と言い出す前に、わたしは「もう終わった」と言えるようにしよう。

わたしは今すぐ、行動しよう。

なぜなら、わたしには今しかないからである。怠け者は明日、労苦すればよいと思う。しかしわたしは怠け者ではない。悪人は明日、善人になればよいと思う。しかしわたしは悪人ではない。弱い者は明日、強くなればよいと思う。しかし私は弱い者ではない。失敗者は明日、成功すればよいと思う。しかしわたしは失敗者ではない。

わたしは今すぐ、行動しよう。

獅子は腹をすかせたとき食べ、鷲はのどが渇いたとき飲む。獅子も鷲も、行動しなければ滅びてしまうだろう。

⑩**わたしは成功に飢えている。わたしは喜びと心の平安に渇いている。**行動しなければ、わたしは失敗と苦しみと不眠によって身を滅ぼしてしまうだろう。

わたしは自ら命令し、自らの命令に従おう。

わたしは今すぐ、行動しよう。

成功は待ってくれない。わたしが遅れをとれば、成功は別の男と婚約し、わたしのもとから永遠に去っていくだろう。

今がその時であり、ここがその場所であり、わたしがそれをやるのである。

オグ・マンディーノの教え9

物事を先送りしない

ここまで読み進めて来られた方は、すでに営業マンとして成功するのに必要なことをかなり学んだことと思う。なかには、この本を読むはるか前から、知っていたこともあったかもしれない。それでも、やるべきとわかっていながら、実行していないことがたくさんあることは、認めざるをえないはずだ。それはなぜなのだろう。ひょっとして、例の「先送り」のせいではないだろうか。

「先送り」をしているのはあなただけではない。珍しいことではないから、ことさら悩む必要はない。それでも、成功者と失敗者の大きな違いのひとつは、成功者は行動力において、常に人の一歩先、二歩先を行っているという点にあるのだ。すぐれた人物をすぐれた人物たらしめているのは、凡人が省みないような、ちょっとしたプラスアルファなのだ。

アメリカの企業社会は、人からいわれなくても行動する人ほど手厚く報いる仕組みになっている。だからこそ、第九の巻物には特別の注意を払う必要があるのだ。この巻物は、あなたの自主性を高め、人をがんじがらめにしてしまう「先送り」の原因と治療法を示すことで、この悪しき習慣から抜け出す方法を示してくれるからである。

①まずは行動する

「わたしの夢はむなしく、わたしの計画は塵にすぎず、わたしの目標は成し遂げることができない。いかなるものも、行動が伴わなければ何の役にも立たない。」

夢とは単なる願望、あるいは空想にすぎない。ただし、体も思いも心もその夢に捧げれば、夢に生命を吹き込むことは可能である。夢を実現することに人生を捧げていると、魔法の力をもつ妖精が乗り移ったようになる。あなたの「行動」のひとつひとつが、夢を一歩、また一歩と現実にしていくのだ。

逆にわたしたちが恐怖にとりつかれたときは、悪夢が現実になることもあるだろう。あなたの最もあこがれる夢だろうと、あなたが最も恐れる悪夢だろうと、「行動」によってそのどちらに命を吹き込むかを決めるのは、あなた自身なのである。

②成功するのもしないのも、あなた次第

「行動は、わたしの成功を養う食べ物であり、飲み物である。」

あなたの手元には、成功を生み出すための材料がすでに与えられている。夢が種だとすれば、あなたの行動力はその種を育て、実をつけさせるための栄養である。ただし、動き回っていれば必ず結果を出せるというわけではない。

人生が思うように行かないとき、そこから目をそらせるために、あえて自分を忙しくさせている人が少なくないからである。こういう人にとって、動き回ることは、現実から逃避するための麻薬のようなものだ。そうすることで体裁を取り繕い、世間には、重要な仕事にいきいきと取り組んでいるかのように思わせているのだ。

人生は無限の可能性を秘めた土壌のようなものだ。「成功」を育てるための「行動」に集中できれば、「成功」は大きく育っていく。人生のどんな分野であれ、成功を望むなら、行動することによってその部分に毎日、肥料を施しつづけなければならない。その畑に雑草が生い茂ったなら、根こそぎ取り除かなければいけない。雑草に肥料をやるのをやめ、その雑草がしおれて枯れていくのを最後まで見届けることだ。成功するもしないも、あなた次第である。あとは手を伸ばして、つかみさえすればいいのだ。

③物事を先送りしない

「わたしの前進を阻んでいる先送りの習慣は、恐怖心から生まれたものである。」

物事を先送りにしてしまうのは、今すぐ実行すれば困った事態になると恐れているからだ。恐れる理由はいろいろあるだろうし、いくつかの原因が組み合わさっている場合もあるだろう。その理由を突き止めることができるのは、あなただけである。だが恐怖の原因を突き止めること以上に大切なのは、恐怖の実像を見きわめることだ。恐怖心は、これから起こりうることに対する内面的なイメージから生み出されるからだ。

恐怖の実像を理解できれば、先送りの裏にどんな恐怖心があるのかを直視できるようになる。恐怖とは、あなたの心につくりだされた良からぬ未来のイメージ、単なる虚像でしかないのかもしれない。このような恐怖を打ち消すには、あなたの思考を支配しているそうしたイメージを変えてしまえばいいのだ。

④望ましい結果をイメージする

「恐怖を乗り越えるためには、常にためらわず行動すること、そうすれば心の動揺は消えるということを、今のわたしは知っているのである。」

「恐怖のイメージ」が引き起こす感情にうち勝つには、そのイメージにほんのわずかな変更を加えさえすればいい。仮に、あなたの顔に強い風が吹き付けているとしよう。風で髪がなびき、風がほおを打ち、服がはためいている。そのうちに風が強くなってきて、目をあけているのも、息をするのも困難になってくる。そこで、この不快な感覚を止めるには、風にくるりと背を向けさえすればいい。風は相変わらず吹き付けているが、後ろを向くことであなたの受ける感覚はずっと楽なものになる。

同じように、あなたの頭のなかに作り上げられたイメージも、くるりと裏返すだけで、そこから受ける感覚を変えることができる。そのためには、悪い結果をイメージするのと同じように、望ましい結果をイメージしさえすればいい。良いイメージも、悪いイメージも、実体のないイメージであるという点では同じだが、頭のなかに思い描いたもののほうが、現実になることが多いのである。恐怖心を克服するために最初にすべきことは、悪いイメージを良いイメージに転換することだ。いったん良いイメージを思い描けさえすれば、あとはそれを現実に移すべく行動していくだけでいい。

⑤とにかく行動して恐怖を抑え込む

「今のわたしは、行動によって、獅子のごとき恐怖を、蟻のごとき平安に変えることができることを知っているのだ。」

抑えがたい恐怖を抑え込むのに最も有効な方法のひとつは、その恐怖と相反するような物理的行動をとることだ。恐怖があると、ささいなことがやたらに大きく見えてくる。行動することで、それを本来の大きさに戻すことができるのだ。

あなたは人生のどんな部分に恐怖を覚えているだろうか。たとえば仕事のこと、人間関係、あるいは健康のことかもしれない。そこで、そうした恐怖を少しでも小さくできるような行動を、ひとつだけ考えてみよう。たいていの場合、その行動を実行に移すだけで、恐怖心は消えてしまうはずである。

⑥「明日がある」と思うな

「わたしは今日なすべき仕事を怠けて、明日に回したりしない。なぜなら、明日は決して来ないことを知っているからである。」


親はよく、「あしたになったらね」と言って子どもをなだめる。むろん、約束を守るつもりはない。親が「あした」を約束するのは、「今日」何かをしないですむようにするためだ。親は子どもが約束を信じていると素朴に思い込み、明日になれば忘れてしまうと高をくっている。こうして、やるべきことをまたひとつ、逃れることができたというわけである。

ところが、子どものほうはそう簡単に忘れてくれないし、いつまでも我慢しているわけでもない。そんなことを続けていると、子どもは親の言うことをいっさい信用しなくなる。同じことで、今日の義務を逃れるため、自分に見え透いた言い訳を重ねていると、自分自身に自信がもてなくなってしまうのである。

大事なことは、物事を漠然とした期日まで延期しないということだ。その仕事は今すぐやってしまおう。なぜなら、あなたが自由にできるのは、今日という日だけなのだから。

⑦「今すぐ、行動しよう」と繰り返し言う

「わたしは今すぐ、行動しよう。これからのわたしは、この言葉を毎日、毎時、何度も繰り返し、この言葉が呼吸と同じくらいに習慣となって、言葉に伴う行動が、瞬きと同じくらい無意識の反応となるようにしよう。」

体を動かすには、脳から特定の筋肉に電気信号を送り、その信号によって体のなかに意図する反応を引き起こさなければならない。ある年齢以上の子どもなら、そうしたプロセスは瞬時になされ、頭を働かす必要などないように見える。しかしもっと小さな子を見ると、同じプロセスを行うのにいかに努力が必要かがわかる。たかがおもちゃをとったり、哺乳瓶を口にもっていったりといったような単純な作業のために、懸命に意識を集中し、悪戦苦闘している。ところが数カ月もすると、それまでは大仕事だったことが、とくに意識しないでもできるようになる。

「行動」を習慣として定着させる場合も、同じことが言える。つまり、「今すぐ、行動しよ

う」と繰り返し自分に言い聞かせることで、心の無意識の部分にメッセージを送り込むのである。この作業をしばらく続けていると、自分でも信じられないくらいすらすらと、この言葉が口をついて出てくるようになる。

何かを先送りしたい、後回しにしたいという思いにかられるたびに、「わたしは今すぐ、行動しよう」と唱えよう。その仕事は後回しにしてもよいものなのかどうか、あるいはその仕事を最後まで貫徹できるかどうかなど、心配する必要はない。ともかく「わたしは今すぐ、行動しよう」と唱えればいいのだ。そうすれば、その言葉を実行に移そうという気持ちがわいてくる。そして幼児がひとつの動作を覚えていくように、それまではとうていできないと思っていた「行動」の習慣が、あたかも第二の天性のように自然に身についてくるのである。

⑧「今すぐ、行動する」条件反射を身につける

「この言葉があれば、わたしは自分の思いを整えて、成功するために必要なあらゆる行為をなすことができる。」

機械としての人間を正しく調整することに、時間とエネルギーを使うのは賢いことである。ところが、人間という機械のほかの部分ばかり調整することにエネルギーを注ぎ込んで、この機械の最も大切な部分である「頭」を調整することをさっぱり怠っている人がいる。

「私は、勉強をしたり、読書をしたり、ときにはクロスワードパズルをやったりして、〝頭〟の調子を整えている」という方もあるかもしれない。だがこうした「調整」は、さまざまな刺激に対する、ごく標準的な反応や行動を訓練しているにすぎない。成功を手にしたいなら、「今すぐ、行動する」という条件反射を身につけなければならないのだ。

ある言葉を何度も繰り返しただけで、成功できるとはかぎらない。だがその言葉を繰り返すことで、その言葉の表す考え方が無意識の「心の姿勢」に浸透していき、成功を生み出す行動パターンが序々に身についていくのである。

⑨あなたの価値は、どれだけのものを人に与えたかで決まる

「市場におけるわたしの価値を決めるのは、行動のみである。だからわたしの価値を高めるために、わたしは行動する回数を増やそう。」

あなたが周囲からどれほど重要視されているかは、あなたの財産によって決まるのではない。顧客や見込み客にとってのあなたの価値は、自分たちの生活にあなたがどれだけ利益をもたらしてくれるかにかかっている。冷たい水があっても、それを飲む手段がなければ、のどが渇いた人にとってなんの価値ももたない。同様に、あなたに無限の可能性が秘められていたとしても、その潜在能力が人々の役に立つものにならないかぎり、市場では何の価値も

ないのである。

どれだけのものを手に入れたかでその人の価値が決まるのではなく、どれだけのものを人に与えたかでその人の価値が決まるのである。

すべての行動は、それに対する反応という果実を生み出し、ひいては最終的な結果という豊かな収穫をもたらす種である。より多くの収穫を得たければ、「行動」という種をもっとたくさん蒔けばよいのだ。

⑩誰でも必死でもがけば成功できる
「わたしは成功に飢えている。わたしは喜びと心の平安に渇いている。」

私はある牧師から、成功にあこがれるアメリカ原住民の若者の話を聞いたことがある。この若者が村の長老たちに助言を仰ぐと、「森の向こうの山の上に住んでいる、年老いた賢者に話を聞きなさい」という答えが返ってきた。そこで若者は旅立った。何日もたったころ、ついにひとりの老人に出会った。老人は豪壮な邸宅のポーチで、満足げに揺り椅子を揺らしていた。「わたしは、成功への道を探しにやってきました。あなたなら、そのことをご存知だと聞いたのです」と少年は老人に話しかけた。老人は音も立てず、顔色ひとつ変えぬまま、揺り椅子から立ち上がり、少年の前を通り過ぎ、丘を下って小川のほとりまで歩いていった。少年が見守るなか、老人はひざから腰、さらには胸まで水に浸かって川の中を進んでいった。老人は両手をあげ、少年にあとからついてくるよう合図した。

少年が近づいていくと、老人は少年の首根っこをつかまえ、その頭を水中に沈めた。数秒後、少年は顔を水の上に出そうとしたが、老人が力いっぱい押さえつけた。何とか息をしようと少年が暴れると、老人はようやく手を離した。少年は必死で岸にたどり着き、激しく息をしながら叫んだ。「なんてことするんだ。成功への道を教えてくれるのかと思ったのに」老人は川から上がり、静かに答えた。「今、息をしようとしてもがいたときくらい一生懸命になれば、成功はおまえのものになるだろう」と。

行動力を身につけるためのトレーニング

今日、実行できそうな行動をひとつ書き出そう

以下は、あなたの行動力を高めるための練習である。先にも述べたように、ひと口に「行動」といっても、結果を生み出す行動もあれば、生み出さない行動もある。そこでここでは、ターゲットをある程度絞り込んでいこう。以下に掲げる「行動」は、いずれも行動に見合った結果が期待できるものばかりである。個々の項目ごとに、以下の三つを必ず実行すること。

①　各項目ごとに、そのための時間を定期的に確保する。
②　どんな結果を生み出したいかについて、具体的な数値目標を設定する。
③　生み出した結果を記録し、その記録を上回るよう努力を続ける。

電話――何を言うか、どんな結果をめざすのか、電話をかける前に考えておく。
面談――その一帯で行う複数の面談をあらかじめスケジュールしておく。
手紙――できるかぎりひな型やデータベース検索などを利用する。
クロージング――商談成立までの時間をなるべく短縮し、成約率を上げる。
紹介――クロージングやフォローアップの過程で、紹介をとる。
フォローアップ――リピート・セールスや紹介セールスを生み出すようなフォローアップ・システムを構築する。

次に、正しい「行動」によって収益を引き上げることができる、八つの領域を以下に掲げよう。想像力を働かせ、あなたの状況にぴったりな「正しい行動」を割り出してみよう。

経費削減――成約までの経費を削減する方法を考える。
デリバリータイムの短縮――製品ないしサービスの質を落とさずに、納品までの時間を短縮する。

顧客層の拡大――テリトリーを広げるか、担当地域の市場浸透率を向上させる。

初回購入額の増大――パッケージ商品を増やし、初回の購入単位を増加させる。

価格の引き上げ――顧客の経験価値を引き上げることによって、利幅を大きくする。

クーポン提供――見込み客に対し、購入しないと特典を得られないクーポン券を提供する。

特別提供品をつくる――動きの少ない製品、サービスの販売を促す。

ネットワークの構築――関連業界、あるいはそれ以外の業界とリード（潜在見込み客）を交換する。

ブライアン・トレーシーの能力開発用教材「販売心理学」シリーズは、営業マンの売上を向上させるための効果抜群の方法を提供している。すなわち、現在直面している問題を解決するのに使えそうなアイデアを、できるだけたくさん書き出すという方法だ。トレーシーは、普通のノートに一ページにつき二〇件くらいのアイデアを書き留めるよう勧めている。この方法を使えば、思考力が鍛えられるだけでなく、本章の練習の最終段階に進む前のウォーミングアップになる。

では、最終段階の練習を始めよう。売上や収入アップのために実行できそうな「行動」を二〇種類挙げよう。すでに紹介したアイデアを使ってもかまわない。リストができあがったら、以下の期間で実行できそうな「行動」をひとつずつ選んで書き出そう。くれぐれも、期間内に実行可能な難度のものを選ぶこと。

・今日、実行できそうな行動をひとつ。
・今週、実行できそうな行動をひとつ。
・今月、実行できそうな行動をひとつ。
・今年、実行できそうな行動をひとつ。

最強のセールスマンへのインタビュー

ブライアン・トレーシー Brian Tracy

著述家／講演家／コンサルタント

ブライアン・トレーシーはカナダで生まれ、カリフォルニア州ポモナで育った。一六歳で学校を中退し、皿洗い、工場、工事現場などで働いた。

現在、トレーシーは人間の潜在能力や「結果」を生み出す能力の開発に関して、アメリカにおける権威のひとりとなっている。活気にあふれ、心をつかむ語り口で、人々の実力を最大限に発揮させ、高いレベルの目標達成を導く手腕は群を抜いている。そして彼の講演には年間数千人が参加している。

彼はまた、セールス、マーケティング、投資、不動産開発、輸入、流通、経営コンサルティングなどの分野で輝かしい実績をあげ、アメリカ有数の大企業でコンサルタントを務めてきた。「販売心理学」シリーズなど、自らの声で録音した数種類のテープ教材がベストセラーとなったほか、『カエルを食べてしまえ！』（二〇〇二年、ダイヤモンド社刊、原題『Eat That Frog!』）、

『Maximum Achievement』と『Advanced Selling Strategies』などの著書がある。

顧客の問題を解決するコンサルタントになる

——営業の世界に入ったきっかけは?

一〇歳のとき、夏期学校の参加費を稼ぐため、石鹸の訪問販売を始めた。その後、新聞を売ったり、芝刈りを請け負ったりした。商売に慣れてくると、企業を訪ねて事務用品や投資信託の販売もやった。その後も広告、自動車、不動産、投資、コンサルティングなど、ありとあらゆる種類の営業を手がけてきた。

二一歳のとき、中古車に乗って全国を放浪、数年後には一〇年にわたる世界放浪に旅立った。アフリカを訪ねたとき、人生の転機となる事故にあった。一九六五年、乗っていたランドローバーがサハラ砂漠の真ん中で故障してしまったのだ。修理できなければ、同行の友とともに死ぬしかない。そのとき何かがひらめき、自分の命に対する責任というものを自覚した。もちろん車は直り、死は免れたが、この経験から貴重な教訓を得た。すなわち「人生に明確な目標をもち、その目標に達する過程にはこだわらず、あらゆる手段を尽くして学びつづける」ということだ。

——これまでの人生で一番むずかしかったことは?

私の経験では、難問と障害が次々とやってきて、そのあいだに大ピンチが襲ってくるのが人生というものだと思う。今思うと、私の人生の最大の難問は「目標を明確」にし、その目標を達成するまであらゆる試練に耐え抜くことだったと思う。これは今も私の課題になっている。

——自分の最大の業績はなんだと思うか?

仕事を始めて三五年たつが、その間に八〇カ国で二二種類を超える仕事をし、難問や変化、障害、チャンスに出合った経験は数知れない。一番満足していることは、講演家兼コンサルタントという道を選び、そこで成功したことだと思う。

——お手本にしてきた「師」は?

ペルシア帝国を建国したキュロス大王、カルタゴの将軍ハンニバル、アレクサンドロス大王など、男女を問わず歴史上で成功をおさめた人々をお手本にしてきた。ビジネスの面ではピーター・ドラッカー、アンドリュー・グローブ、アール・ナイチンゲール、ジム・ローンなど、個人や企業のエフェクティブネス(実効性)向上に貢献した多くの人物を師と仰いできた。

——あなたの最高の営業テクニックは?

私はテキストやテープ、ビデオの教材を多数製作し、世界中の一〇〇万以上のセールスマンを指導してきたが、一番効果的だと思うのは非常に単純なアプローチだ。つまり、質問をし、じっくり客のニーズを聞きだし、その上で製品ないしサービスが顧客の問題解決に最も適していることを提示するというアプローチだ。「リレーションシップ構築によるセールス」「コンサルタント的セールス」「戦略的セールス」「教育的セールス」など、昨今の熾烈な競争環境に適するさまざまな手法にも、このアプローチは応用できる。

――そのテクニックの実践例を教えてほしい。

この方法に特別なコツはない。「売らんかな」ではなく、ひたすら顧客の役に立とうと思うことだ。質問をし、その答えに熱心に耳を傾け、助言をし、あとは顧客の判断を促す――これはどんな相手にも、どんな状況でも使えるテクニックだ。

――意欲ある営業マンたちへのアドバイスは？

私からの最大のアドバイスは、セールスマンになりたいなら、自分が好きなもの、楽しめるもの、あるいは自分が使ってみたいと思うものを、まず自分の親に売ることから始めなさいということだ。その上で、その分野のエキスパートになっていけばいい。自分の製品やサービスに関することは片っ端から勉強し、どこに行っても、どんな状況のもとでも、セールス・ツールがなくても、売り込めるようにしておくことだ。そして最後に、セールスマンは成功するまであきらめないことが大切だ。粘り強くやれば必ず成功する。

――今のような人生哲学をもつに至ったきっかけは？

実務と指導の両方をやるというのが私の人生哲学だ。私のことを二五年以上見てきた人なら、私は昔とまったく変わっていないと言うだろう。外見的にも内面的にも、私は一貫して変わっていない。

あとがき

本書はベストセラーとなった不朽の名作『地上最強の商人』の著者であり、文章の達人であるオグ・マンディーノを記念して書かれたものである。『地上最強の商人』は過去三〇年間、「営業の分野で世界で最も売れた本」という栄誉に浴しつづけた。営業の本といっても、営業の基本を説く本ではなく、成功する営業の土台となる倫理・道徳を説いている。

『地上最強の商人』は宗教小説と見なされ、多くの書店で宗教書の棚に置かれている。残念なことに、この本に示された道徳基準は、営業の世界で成功するために必要な要素とは無関係と思われがちだった。これはまったく事実に反している。営業や人生での成功は、オグ・マンディーノが古代の巻物に託して説いた普遍的原理を認識し、実践するのでなければ、決して達成できない。

営業という仕事があまりよく言われないのは、心から顧客に奉仕しようという気持ちよりも、客の心を巧みに操ることによって売上をものにしようとすることのほうが多かったからだ。アメリカ最高のセールス・トレーナーのひとりとされるトム・ホプキンス（一二八ページ参照）も、「世界で最も人の心をつかむのがうまい営業マンの一部は、刑務所に入っている」と言っている。人の道に誠実で、他者への奉仕精神にあふれた人でなければ、どんなに説得力のある営業マンもペテン師でしかない。私が本書の執筆を思い立ったのは、こうした事情からである。すなわち、営業という仕事にマンディーノの巻物の英知を正しく応用することによって、高い道徳性を保ちながら売上をものにするにはどうすればいいかを、わかりやすく示したかったのである。

本書では、オグ・マンディーノが説く道徳原理の大切さをあらためて強調したつもりである。本書をとおして、古代の巻物に記されている原理を日々の業務に応用し、売上を向上させるすべを方法を学んでいってほしい。

ロバート・ネルソン

著者紹介

ロバート・ネルソン（Robert Nelson）

高給を保証された安定した生活を捨て、起業家として独立。しかし事業に失敗して営業マンに転進する。営業の道をきわめた偉大な先達を探し求め、最終的にオグ・マンディーノの名著『地上最強の商人』と出合う。そしてその内容を長年にわたって詳細に研究した結果、これに基づく能力開発法を編み出し、現在もそれを世界中の人々に説いてまわっている。元全米貿易協会（ＮＴＡ）部長。全米講演家協会会員。テキサス州在住。

訳者紹介

田辺希久子（たなべ・きくこ）

東京教育大学（現筑波大学）卒業。青山学院大学大学院国際政治経済学研究科修士課程修了。翻訳家。主な訳書に『だから、顧客が逃げていく！』『逃げる顧客を引き戻せ！』『サービス・リーダーシップとは何か』『リーダーシップが活きる時』（以上ダイヤモンド社）、『人生を複雑にしない100の方法』（ジャパンタイムズ）などがある。

営業マンはつくられる

2003年６月12日　第１刷発行

著者／ロバート・ネルソン
訳者／田辺希久子
装幀／重原隆
製作・進行／ダイヤモンド・グラフィック社
印刷／亨有堂印刷所
製本／石毛製本所

発行所／ダイヤモンド社
〒150-8409　東京都渋谷区神宮前6-12-17
http://www.diamond.co.jp/
電話／03･5778･7233（編集）　03･5778･7240（販売）

ISBN 4-478-54058-6
落丁･乱丁本はお取り替えいたします
Printed in Japan